Bretagne

Dirk Schröder

W0051521

Dirk Schröder, Jahrgang 1954, lebt als freier Reisejournalist und Fotograf in Oberbayern. Eines seiner Spezialgebiete ist Frankreich, das er seit über 15 Jahren regelmäßig bereist. Aus seiner Feder stammen mehrere Reiseführer und Zeitschriftenbeiträge.

Ein Strandspaziergang bei Ebbe
ermöglicht erst eine Gesamt-
ansicht der gewaltigen rekon-
struierten Festungsanlage
von Saint-Malo, das auf eine
große maritime Vergangenheit
zurückblicken kann.

BRETAGNE

Willkommen in der Bretagne

6 Eine Region stellt sich vor
11 Anreise und Ankunft
13 Mit und ohne Auto
15 Hotels und andere Unterkünfte

Die Bretagne erleben

18 Essen und Trinken
22 Einkaufen
24 Mit Kindern unterwegs
26 Sport und Strände
30 Feste und Festspiele

MERIAN-Tips

10 Lesetip
16 Château-Camping
19 Auberge Saint-Sauveur in Rennes
25 Château de Bourbansais in Pleugueneuc
28 Im Pferdewagen durch die Bretagne
34 Musée de Bretagne und Musée des Beaux-Arts in Rennes
43 Satellitenstation Pleumeur-Bodou
48 Restaurant Terres Neuvas in Dinan
50 Bootsfahrt um die Ile de Bréhat
58 Panoramaweg in Saint-Malo
75 Restaurant Les Bains-Douches in Morlaix
81 Fayancen aus Quimper
85 Océarium in Le Croisic
94 Tumulus de Gavrinis

Sehenswerte Orte und Ausflugsziele

32 **Rennes**
37 Forêt de Paimpont
37 La Roche-aux-Fées
37 Vitré
38 **Der Norden**
39 **Côte de Granit Rose**
40 Perros-Guirec und Ploumanac'h
42 Trébeurden
44 Trégastel
45 **Dinan**
48 Benediktinerabtei Saint-Magloire
48 Bootsfahrt auf der Rance
49 **Paimpol**
51 Château de la Roche Jagu
51 Kermaria und Tempel Lanleff
52 Loguivy
52 Saint-Quay-Portrieux
52 Tréguier
53 **Saint-Cast-le-Guildo**
54 Cap Fréhel und Fort la Latte
55 Erquy
55 Guingamp
55 Lamballe
55 Saint-Brieuc
55 Le Val-André
56 **Saint-Malo**
60 Cancale
61 Dinard
62 Englische Kanalinseln
63 Le Mont-Saint-Michel
64 **Der Westen**
65 **Brest**
68 Aber Benoît und Aber Wrac'h
68 Ile d'Ouessant
69 Nordwestküste
69 Plougastel-Daoulas
70 **Concarneau**
71 Beg-Meil, Cap-Coz und Mousterlin
72 Iles de Glénan
72 Pont-Aven
73 **Morlaix**
76 Cairn de Barnenez

76	Calvaire von Plougonven
76	Parc Régional d'Armorique
76	Roscoff
77	**Quimper**
81	Locronan
82	**Der Süden**
83	**La Baule**
85	Batz-sur-Mer
85	Le Croisic
86	Guérande
86	Parc Régional de Brière
86	La Roche-Bernard
87	**Carnac**
90	Belle-Ile
90	Erdeven
90	Locmariaquer
90	Quiberon
91	**Vannes – Golfe du Morbihan**
95	Auray
95	Presqu'île de Rhuys

Routen und Touren

96	**Mit dem Auto oder Fahrrad:** Tour de Calvaire
100	**Mit dem Auto:** Durch den wilden Westen
104	**Mit dem Auto:** Durch die Ostbretagne
106	**Mit dem Hausboot:** Auf Kanälen durch die Bretagne

Wichtige Informationen

110	**Die Bretagne von A–Z**
110	Auskunft
111	Bevölkerung
111	Diplomatische Vertretungen
111	Feiertage
111	Fernsehen
111	FKK
111	Fotografieren
112	Geld
112	Gezeiten
113	Kleidung
113	Medizinische Versorgung
113	Notruf
113	Ortsnamen
113	Politik und Verwaltung
113	Post
113	Reisewetter
114	Rundfunk
114	Sprache
114	Stromanschluß
115	Telefon
115	Tiere
115	Trinkgeld
115	Wirtschaft
115	Zeitungen
115	Zeit
115	Zoll
116	**Geschichte auf einen Blick**
118	**Sprachführer**
120	**Eßdolmetscher**
124	**Orts- und Sachregister**
128	**Impressum**

 Karten und Pläne

Bretagne, westlicher Teil
......................Klappe vorne
Bretagne, östlicher Teil
......................Klappe hinten
Saint-Malo Umschlag Rückseite
Rennes............................ 35
Dinan............................. 47
Brest............................. 67
Quimper.......................... 79
Kathedrale Saint-Corentin .. 80
Vannes........................... 93

Die Buchstaben-Zahlen-Kombinationen im Text verweisen auf die Planquadrate der Karten.

Paul Gauguin sagte einst: »Die Bretagne liebe ich.« Das Licht, die Farben, aber auch die Sitten und Gebräuche haben ihn und seine Freunde beeindruckt.

»Die Bretagne liebe ich«, sagen auch viele Urlauber, die es immer wieder in den äußersten Westen Frankreichs zieht. Sie suchen nicht die übervölkerten Badestrände, sie wollen nicht »futtern wie bei Muttern«, und sie brauchen keine 35 Grad im Schatten. Sie sind von der landschaftlichen Vielfalt verzaubert, genießen die Veränderungen des Meeres, können stundenlang zuschauen, wie bei Ebbe die weiten Sandflächen frei werden und sich die Boote allmählich in den Schlick legen, um mit den ersten Wellen wieder zu tanzen. Sie kommen aber auch wegen der Mythen in die Bretagne, die lebendig werden bei einem Spaziergang durch den Zauberwald von **Brocéliande**, in dem König Artus und seine Mannen lebten und die Druiden ihre Opferzeremonien abhielten.

Auch die Menhire und Dolmen sind mit Legenden belegt: Muß sich beispielsweise eine Frau am »Hinkelstein« den Bauch reiben, um schwanger zu werden, so soll sie bei dem Dolmen »Roche-aux-Fées« die Steine zählen, damit sie weiß, ob der Weg mit ihrem Liebsten zum Traualtar führt oder nicht! Auch

Mythen, Märchen und Legenden ranken sich um die bretonischen Wälder und Felsentäler.

auf den Kalvarienbergen liegt der Pathos der Jahrhunderte Voller Symbolik berichten sie aus einer Zeit, als das Land im Westen noch unabhängig war und im wirtschaftlichen Aufwind segelte. Grimmige Teufelchen lauern am Höllenschlund, Ankou – der Tod – prangt an der Fassade der Beinhäuser und wartet darauf, daß die Zeit für den nächsten Sünder kommt …

Nicht zu vergessen die vielen Heiligen: Guirec, Egarec, Languis und wie sie alle heißen, die Liste der Schutzpatrone ist lang. Der eine wird als Heiratsvermittler, der andere bei Ohrenleiden angerufen, selbst gegen die Langeweile gibt es einen Heiligen. Von der Dorfbevölkerung bestimmt, erhielten nur wenige den Segen des Papstes. Doch das kümmert die Bretonen wenig; kommt der Tag des Heiligen, findet eine Prozession statt. Nach alter Tradition wird die Statue dann durchs Dorf getragen,

Biniou und Bombarde dazu gespielt, die Trachten mit den weißen Spitzenhäubchen getragen und anschließend ein Fest gefeiert.

Die Sprache – Ausdruck der Eigenständigkeit

Der erfahrene Bretagne-Urlauber weiß, daß die Menschen hier ihre alten Volkstänze lieben und auf einem **Fest-noz** gerne das Tanzbein schwingen. Es wird erzählt, daß die Bretonen die Hinweisschilder extra so stellen, daß kein Franzose den Weg dorthin findet. Das zeigt nur zu deutlich, daß die Enttäuschung über die unfreiwillige »Hochzeit« im Jahre 1532 mit dem mächtigen Nachbarn bei manchen Nationalisten bis heute noch nicht über-

Auch in ihren besonders vielfältigen Trachten demonstrieren die Bretonen Eigenständigkeit.

wunden ist. Ganz im Gegenteil, die bretonische Nationalbewegung mit ihrem Ruf nach Unabhängigkeit findet immer mehr Anhänger, wenn sich auch nicht jeder vom Mutterland lösen möchte. Rund eine halbe Million Bretonen sprechen heute noch ihre eigene Sprache. Bücher, Gedichte und sogar Popmusik gibt es inzwischen auf Bretonisch, und am Ende einer Konzertveranstaltung steht das Publikum auf, um die Nationalhymne anzustimmen. Die vier weißen Streifen in der bretonischen Flagge »Gwenn ha du« (weiß und schwarz) erinnern an die alten bretonischsprachigen Diözesen im Westen. Vorwiegend hier, in der Basse-Bretagne, hört man die harten Laute des Bretonischen auch im Alltag. Es ist eine eigenständige Sprache, deren Wurzeln weit zurück in der gallischen »Urbevölkerung« liegen und die nichts mit dem Französischen gemeinsam hat. Viele Bretonen fühlen sich bis auf den heutigen Tag mehr mit ihren »Verwandten« keltischer Abstammung in Irland, Schottland und Wales verbunden als mit den Franzosen. Wie schon bei Asterix und Obelix zu lesen ist, gelang es den Römern nicht, das kleine Völkchen in Armorica vollständig zu unterwerfen – auch die französische Zentralregierung hat es nicht leicht mit den Menschen im äußersten Westen. So gründeten die Bauern in den sechziger Jahren kurzerhand eigene Kooperativen – vorbei an den Bürokraten in Paris nahmen sie die Vermarktung ihrer Waren selber in die Hand und hatten damit Erfolg.

Land der Schlösser und Burgen

Der Kenner kommt auch wegen der »Geheimtips«; ja, die gibt es in der Bretagne noch. Selten findet man sie an der Küste, die von dem überwiegenden Teil der Urlauber aufgesucht wird, sicher aber im Inland, in der grünen Bretagne. Schon wenige Kilometer abseits der Badestrände liegen die beschaulichen Dörfer mit ihren kleinen Kirchen in den umfriedeten Pfarrbezirken. Im Herzen der Bretagne »verstek-

Die zauberhafte Küste der »Côte de Granit Rose« ist nach dem im Granit enthaltenen rosafarbenen Feldspat benannt.

ken« sich – man mag es gar nicht glauben – an die 4000 Schlösser, Herrensitze und prächtige Landhäuser. Damit hält die Bretagne den Rekord in Frankreich. Viele sind bis heute bewohnt, teilweise auch zu besichtigen, oder sie halten als Hotel bzw. Château-Camping die Tore für den Reisenden weit offen. Zur Verteidigung der Ostgrenze wurden unter anderem die großen Burgen **Josselin**, **Vitré** und **Fougères** errichtet.

Argoat – Land der Wälder

Das »Land der Wälder«, wie es zur Zeit der Kelten noch existierte, müßte heute eigentlich in das »Land der Wiesen und Hecken« umgetauft werden. In mühevoller Arbeit haben die Bewohner die charakteristische Bocage-Landschaft angelegt, um den Boden in den windgeschützten Parzellen kultivieren zu können. Typisch! – doch was ist schon »typisch«? Sicher sind es die bretonischen Häuser mit ihren breiten Kaminen an beiden Stirnseiten. Weiß getüncht oder granitgrau, aber selten höher als zwei Stockwerke, um dem ständigen Wind möglichst wenig Angriffsfläche zu bieten, spitzen sie aus der welligen Landschaft hervor. Ein Anblick, der schon viele Maler fasziniert hat.

Armorica – das Gebiet des Meeres

Das ist die andere Seite der Bretagne, die offene, von den Touristen bevorzugte Seite. Wie ein Löwenkopf, der aus dem Atlantik trinkt und seine Mähne im Ärmelkanal badet, so sehen die Bretonen ihr Land, das auf rund 2500 Kilometern Küstenlinie vom Meer umspült wird. Es ist eine Küste voller Kontraste: Da wechseln kleine, von Felsen eingerahmte Buchten mit langen Sandstränden, Dünengras mit rosafarbenem Granit. Schmale Fußwege und holprige Straßen schlängeln sich entlang der »Côte sauvage«, der »wilden Küste«, tief dringen die Fjorde, die von den Bretonen »Aber« genannt werden, in das Land vor. Da türmen sich schwindelerre-

Seit Menschengedenken leben viele Bretonen vom Fischfang.

gende Klippen auf, und nebenan liegen geschützte Hafenbuchten. Seit Jahrtausenden leben die Menschen an der Küste vom Meer, das ihnen nicht nur Fisch und Tang beschert hat, sondern immer wieder mal die »Beute« eines gestrandeten Schiffes. Die Errichtung der Leuchttürme kam einigen Bewohnern der Westküste deshalb sehr ungelegen. Heute noch spielen die Seefahrt und der Fischfang eine wichtige Rolle. Die Boote fahren nicht mehr nach Island, wie zu Zeiten des bretonischen Schriftstellers Pierre Loti, sondern zu den Seychellen, um dort dem Thunfisch nachzustellen. Andere fischen Hummer vor Afrika, nachdem der Bestand vor der eigenen Küste mehr und mehr schwindet. In großer Auswahl stehen Krebse, Seespinnen, Langusten, Muscheln und Fisch auf den Speisekarten.

Obwohl die Bretagne zu den hochkarätigsten Urlaubsgebieten Frankreichs zählt, haben sich an der Küste keine Feriensiedlungen etabliert, in denen nur noch englisch, deutsch oder italienisch gesprochen wird. Es dominieren die Familienbetriebe in der Gastronomie und im Hotelgewerbe.

»Armorica« nannten schon die Kelten vor zweieinhalbtausend Jahren ihre Heimat, meinten damit aber auch die zahllosen Inseln und Riffe, die wie Perlen vor der Küste liegen, jede mit ihrem ureigenen Charakter: **Belle-Ile**, die »schöne Insel«, die ihrem Namen alle Ehre macht, auch die **Ile d'Ouessant**, geprägt von den Wellen des Atlantik und gespickt mit Leuchttürmen. Lieblich im Archipel der rosa Felsen liegt die **Ile de Bréhat**, die **Ile aux Moines** im **Golfe du Morbihan** zeigt Spuren der Megalithepoche. Inseln, die entdeckt werden wollen – mit dem Fahrrad, zu Fuß oder bei einer Bootsrundfahrt.

LESETIP

Zur Einstimmung bietet sich an: **Asterix der Gallier**, Band 1. Seine Heimat liegt irgendwo im Westen der Bretagne. Da schneidet der Druide die Misteln für den Zaubertrank, und Obelix räumt die Hinkelsteine auf. Wer sich dann intensiver mit dem Land beschäftigen möchte, findet im **MERIAN-Heft Bretagne** Lesestoff für Reisevor- und -nachbereitung und zur Reisebegleitung.

Am bequemsten erweist sich die Anreise im Schlafwagen der Bahn; im Vergleich zur Anreise im PKW können schnell zwei Urlaubstage eingespart werden.

Mit dem Auto Alle Autobahnen in die Bretagne führen über Paris, wobei man dort tunlichst die Rush-hour meiden sollte. In einem Tag ist der Westen Frankreichs nur von den grenznahen Gebieten aus zu erreichen. Nach Rennes, dem Eingangstor zur Bretagne, sind es auf kürzestem Weg ab München allein 1180 Kilometer, ab Hannover 1142 Kilometer und ab Berlin 1429 Kilometer. Als Anreiseroute kommt für den südlichen Teil Deutschlands einschließlich Österreich die A 4 über Metz in Betracht. Aus Mittel- und Norddeutschland führt die Anreise über Belgien nach Paris. Aus der Schweiz bietet sich ab dem grenznahen Mulhouse die A 36 bzw. die A 6 an. Alle Routen treffen sich in Paris. Von dort sind es noch 354 Kilometer Autobahn über die A 10/A 11 nach Rennes. Um die teilweise erheblichen Autobahngebühren (**péage**) in Frankreich einzusparen, weichen viele Urlauber auf Landstraßen aus. Hierbei sind die mit »N« gekennzeichneten Nationalstraßen den Département-straßen vorzuziehen. Als Anreisetermin sollte man bei der Zeitplanung den Tag vor einem langen Wochenende und den Ferien-

Vom modernen Bahnhof Rennes dauert die Fahrt nach Paris nur gut zwei Stunden.

WILLKOMMEN IN DER BRETAGNE

Bequem und bis zu 270 km/h schnell reist man mit dem TGV.

beginn (in Frankreich Mitte Juli) meiden, denn dann sind in Frankreich die Autobahnen verstopft.

Mit dem Zug Durch die Schnellverbindung im TGV (Train à Grande Vitesse) über Paris und Rennes bis nach Brest, Quimper oder La Baule im Süden ist der Zug aus zeitlichen Gesichtspunkten der Anreise mit dem eigenen Fahrzeug weit überlegen. Für die Mobilität im Feriengebiet sorgt dann der gemietete PKW oder ein Fahrrad. Etwa eine Stunde sollte man allerdings für das Umsteigen in Paris veranschlagen, denn Sie müssen nicht nur den Zug, sondern auch den Bahnhof wechseln, was mit einer längeren Métrofahrt verbunden ist. Warum also nicht gleich einen längeren Zwischenstopp

einplanen und die Hauptstadt an der Seine einmal beschnuppern? Auch mit den Superschnellzügen dauert die Anreise je nach Ausgangspunkt in Deutschland, Österreich oder der Schweiz 8 bis 14 Stunden, so daß sich in den meisten Fällen eine Nachtfahrt rentiert (Couchette rechtzeitig reservieren). Auf diese Weise läßt sich jeweils ein Urlaubstag im Schlaf auf der An- bzw. Abreise einsparen. Durch Ermäßigung in Frankreich und bei der Fahrt durch Deutschland lassen sich die Kosten erheblich reduzieren.

Mit dem Flugzeug Nimmt man nur die reine Flugdauer, so bleibt dieses Transportmittel unschlagbar. Wohnt man allerdings nicht nahe einer Großstadt, dauert die Anreise durch die Zubringerfahrten und eventuell das Umsteigen mit Flughafenwechsel in Paris rund einen halben Tag. Paris wird von jedem größeren Flughafen mehrmals am Tag angesteuert. Als Zielflughäfen in der Bretagne kommen Brest, Rennes, Lorient, Quimper und Dinard in Betracht. Einige Gesellschaften fliegen auch direkt, zum Beispiel von Stuttgart und Düsseldorf nach Rennes. Im Flugzeug läßt sich das Fahrrad, zerlegt und gut verpackt, mitnehmen.

Flugbüros in Brest:
Air France, Tel. 02 98 32 01 00
British Airways,
Tel. 02 98 62 10 22
Flugbüro in Rennes:
Air France, Tel. 02 99 35 09 09

Das Fahrrad wird als Transportmittel im Urlaub auch in Frankreich immer beliebter. Bus und Bahn sorgen für eine gute Verbindung zwischen den größeren Orten.

Mit dem Auto Das eigene Fahrzeug bleibt für den größten Teil der Bretagne-Urlauber das Verkehrsmittel Nummer eins. Bietet es doch die größte Unabhängigkeit für Ausflüge in die Umgebung des Reiseziels. Im häufig anzutreffenden »rond point« (Kreisverkehr) haben grundsätzlich die Fahrzeuge im Kreis Vorfahrt. Einer der wichtigsten Wegweiser heißt »Toutes Directions«, der Ortsdurchfahrten beschildert. Mit »par la côte« werden die schöneren Streckenvarianten entlang der Küste ausgewiesen. Gute Regionalkarten bekommt man für wenig Geld in jedem Schreibwarengeschäft und Souvenirladen.

Mietwagen Alle namhaften Mietwagenagenturen haben eine Filiale in den größeren Orten. Günstig sind Paketangebote wie »fly-and-drive« oder das von der französischen Bahn (SNCF) angebotene Pendant »rail-and-drive«. In beiden Fällen steht der Wagen bei der Ankunft fahrbereit zur Verfügung. Wer sich für ein paar Tage ein Auto oder Motorrad mieten möchte, erhält am Wochenende oder bei Mehrtagesangeboten günstige Konditionen.

Entfernungen (in km) zwischen wichtigen Orten der Bretagne

	Brest	Carnac	Concarneau	La Baule	Morlaix	Paimpol	Quimper	Rennes	Saint-Malo	Vannes
Brest	–	164	95	250	60	142	72	250	240	180
Carnac	164	–	80	101	143	192	92	137	180	31
Concarneau	95	80	–	170	108	140	23	198	235	98
La Baule	250	101	170	–	260	225	175	125	195	70
Morlaix	60	143	108	260	–	69	82	185	180	205
Paimpol	142	192	140	225	69	–	145	145	140	156
Quimper	72	92	23	175	82	145	–	205	250	105
Rennes	250	137	198	125	185	145	205	–	70	112
Saint-Malo	240	180	235	195	180	140	250	70	–	150
Vannes	180	31	98	70	205	156	105	112	150	–

WILLKOMMEN IN DER BRETAGNE

Eisenbahn Ausgehend von Rennes führt eine Eisenbahnstrecke im Norden und eine im Süden durch die Bretagne bis Brest im Westen. Im Schnellzug TGV (**Train à Grande Vitesse**) reduziert sich die Fahrt quer durch die ganze Bretagne auf gerade mal zwei Stunden.

Verbindungen zu den Badeorten an der Küste bestehen nach Saint-Malo im Norden und La Baule, Croisic und Quiberon im Süden.

Busse Linienbusse verbinden weite Teile des Landes miteinander. Auf den Überlandstrecken verkehren bequeme Reisebusse. Bei der Planung ist zu beachten, daß am Wochenende die Verbindungen seltener sind als an Werktagen. In abgelegene Dörfer geht es nur wenige Male am Tag. Die Busterminals (**gares routières**) befinden sich in den größeren Orten nahe dem Zugbahnhof.

Boote Fähren verbinden die vorgelagerten Inseln mit dem Festland. Touristische Anziehungspunkte werden in der Hauptsaison nahezu im Pendelverkehr angesteuert. Auf den meisten Fähren können Fahrräder mitgenommen werden.

Fahrrad Für einen Rad-Urlaub lohnt sich das eigene Fahrzeug, das mindestens zehn Gänge haben sollte, mitzubringen. Spezielle Fahrradkoffer rentieren sich für den häufigen Transport im Flugzeug oder per Bahn. Das Gepäck sollte gleichmäßig am Fahrzeug verteilt sein, wobei darauf zu achten ist, daß der Schwerpunkt möglichst weit unten liegt. Ein guter Kartenhalter und Regenschutz sind unentbehrlich (→ Kleidung, S. 113).

Ob im Landesinnern oder an der Küste: Radeln macht Spaß in der Bretagne.

Viele Herrenhäuser (Manoirs)
wurden zu Hotels umfunktioniert. Beliebt sind Ferienwohnungen in den typisch bretonischen Landhäusern nahe dem Meer.

Großhotels wie in Südfrankreich sind in der Bretagne ein Fremdwort. Hier dominieren die Mittelklassehotels mit einer überschaubaren Bettenkapazität. In der Hauptsaison empfielt es sich rechtzeitig vorzubuchen, am besten mit schriftlicher Bestätigung. Die Unterkünfte werden in Frankreich nach Sternen klassifiziert, von der Ein-Sterne-Pension bis zum Vier-Sterne-Luxushotel. Das Französische Bett gehört zur Standardausstattung. Einzelzimmer sind rar, somit wird die Übernachtung für Singles kostspieliger. Das Frühstück (**petit déjeuner**) beschränkt sich in Frankreich meist auf Croissants, Baguette, Marmelade und Kaffee bzw. Tee. Nicht immer ist der Betrag im Übernachtungspreis enthalten. Die Hotels verfügen in der Regel über ein Restaurant, weshalb in der Hauptsaison vielerorts nur Zimmer mit Halbpension vermietet werden. Etwa 340 kleine und mittlere Familienbetriebe der Bretagne haben sich der Vereinigung »Logis de France« angeschlossen. Das gelb-grüne Zeichen mit dem Kamin bürgt für einen behaglichen Aufenthalt.

Exklusiv, doch nicht unbedingt teurer sind die »Schloß-

Das geschichtsträchtige »Château-briand« in Saint-Malo lockt mit dem Charme vergangener Zeiten.

hotels« – beschauliche Herren-häuser, die in den letzten Jahren mehr und mehr in komfortable Hotels umgebaut wurden. Sie liegen meist etwas abseits im Grünen, manchmal befindet sich im Schloßpark sogar ein Golf-platz. Die Hotels sind nicht sel-ten mit altem Mobiliar stilvoll eingerichtet.

In der **Hotelbroschüre,** die man beim Fremdenverkehrsbüro (→ Auskunft, S. 110) anfordern kann, sind die aktuellen Preise, Telefonnummern und Saisonzei-ten einiger Hotels verzeichnet; vollständiger sind Hotellisten der jeweiligen Departements bzw. die Listen der betreffenden Orte (→ Auskunft, S. 110).

Ferienwohnungen Trotz des gro-ßen Angebots der »Meublées« bzw. »Studios« muß man bei ei-nem Urlaub im Juli und August schon Monate im voraus reser-vieren. Die Preise variieren nicht nur je nach Größe und Ausstat-tung, sie sind auch vom Mietzeit-raum abhängig, das bedeutet Spitzenpreise in der Hauptsai-son. Ferienwohnungen werden wochenweise vermietet. In den einschlägigen Ferienhausbro-schüren werden die Objekte mit Fotos und einem Kurztext vor-gestellt.

Voyages Sud-Soleil (Deutsch-land GmbH) – Urlaub im Ferien-haus, Abt. LOI
Günterstalstraße 17
79102 Freiburg i. Br.
Tel. 07 61/70 87 00

Gîtes Ruraux Unter dieser Be-zeichnung werden in Frankreich preiswerte Unterkünfte auf dem Bauernhof angeboten.

Privatzimmer Das Angebot an »Chambres d'hôtes« nimmt zu. Es sind Quartiere in Privathäu-sern, in denen manchmal auch eine Kochmöglichkeit zur Verfü-gung steht. Preislich liegen die

MERIAN-TIP

Unter dem Begriff **Château-Camping** findet man Camping-plätze, die auf dem Gelände eines ehemaligen Schlosses eingerichtet wurden. Oft liegen sie etwas abseits, der Swim-mingpool ersetzt dann das Meer. Das Verzeichnis »Castels & Camping Caravaning« kann man beim Fremdenverkehrs-büro (→ Auskunft, S. 110) anfordern.

Zimmer auf dem Niveau einfacher Hotelunterkünfte. Adressen vermitteln die örtlichen Touristenbüros.

Camping Die Anlagen reichen vom »Camping à la ferme« bis zum Vier-Sterne-Luxusplatz mit Swimmingpool, Supermarkt etc.

Zur Hauptreisezeit kann es auf Campingplätzen Engpässe geben, doch nicht überall werden Reservierungen entgegengenommen. Auf manchen Anlagen werden »Mobilhomes« vermietet, die komplett ausgestattet sind. Nützlich ist die Campingbroschüre des Französischen Fremdenverkehrsamts. Wesentlich ausführlicher sind die Anlagen jedoch in den Regionalbroschüren der jeweiligen Departments aufgeführt (→ Auskunft, S. 110).

Jugendherbergen In einer »Auberge de Jeunesse« kann man in der Bretagne preiswert Urlaub

machen. Frühstück und Kochmöglichkeit sind üblich. In vielen Jugendherbergen werden Sportgeräte wie Fahrräder, Boote oder Surfboards vermietet. Eine aktuelle Adressenliste kann man beim **FUAJ** (Fédération Unie des Auberges de Jeunesse), 27, rue Pajol, 75018 Paris, Tel. 46 07 00 01, anfordern.

Hotels sind bei den einzelnen Orten im Kapitel »Sehenswerte Orte und Ausflugsziele« beschrieben.

Preisklassen

Die Preise beziehen sich auf das Zimmer für zwei Personen.
Luxusklasse ab 1100 FF
Obere Preisklasse ab 600 FF
Mittlere Preisklasse ab 320 FF
Untere Preisklasse ab 110 FF

»Le Ranolien« an der Côte de Granit Rose ermöglicht Vier-Sterne-Komfort beim Camping.

Austern, Jakobsmuscheln, Langusten, Crevetten, Krebse oder Seespinnen: Die hoch aufgetürmten »plateaux de fruits de mer« lassen grüßen.

Die **Restaurants** sind in der Bretagne häufig kleine Familienbetriebe, weshalb in der Hauptsaison eine Tischreservierung ratsam ist. Durchgehend warme Küche findet man sehr selten. Das **Déjeuner** wird zwischen 12 und 14 Uhr serviert. In größeren Städten sind manche Restaurants auf ihre Stammgäste aus den umliegenden Büros und Geschäften eingestellt und bieten deshalb preiswerte Mittagsgerichte an. Zwischen 18 und 19 Uhr werden die Tische für das **Dîner** hergerichtet. Nach 22 Uhr wird es schwierig, noch eine warme Mahlzeit zu bekommen. Menüs sind generell günstiger als die Bestellung **à la carte**.

Crêpes – Spezialität Nummer eins Im Geburtsland der **Galettes** wird überall diese Crêpes-Variante aus Buchweizenmehl angeboten. Sie werden herzhaft mit Schinken, Ei oder Käse gefüllt. **Galette complète** heißt die Version mit allen drei Zutaten. Am besten schmecken sie von einem der Verkaufswagen am Markt, wo sie als Snack ganz frisch zubereitet werden. Das Angebot der einschlägigen Crêpes reicht von der preiswerten **Crêpe au sucre** bis zur Riesenportion mit Eis und Sahne. Viele

Die Köstlichkeiten des Meeres stehen fast überall oben auf den Speisekarten.

Crêperien bieten ein regelrechtes Crêpes-Menü an, das von der Vorspeise über eine deftige Galette bis zum Nachtisch-Crêpe reicht. Und was trinkt der Bretone dazu? Natürlich **Cidre** (Apfelwein), den es als »doux«, also süß, und in der etwas herberen Variante als »brut« gibt. Als »sec« oder »demi-sec« wird er zu würzigen Gerichten getrunken.

Die bretonische Nationalspeise, Crêpe, ist – ob süß oder deftig – immer ein Genuß.

Was das Meer bietet Fisch und **Meeresgetier** geben in der bretonischen Küche den Ton an. Die Hochburg der Austernzucht liegt in Cancale an der Nordküste. In der seichten Bucht werden die berühmten **Huîtres plates** gezüchtet, die neben den gewöhnlichen **Huîtres creuses** direkt vor den Austernbecken probiert werden können. Austern werden in der Regel roh mit etwas Zitrone geschlürft – **bon appétit**! Die handgroße **Coquille St-Jacques**, die durch die Jakobspilger berühmt wurde, findet man häufig als Vorspeise angeboten. Eine bretonische Spezialität ist die **Cotriade**, eine Art Bouillabaisse, in der verschiedene Fische gekocht werden. Die **Soupe de poisson** (Fischsuppe) wird mit gerösteten Brotstücken und der scharfen **Sauce Rouille** serviert. Zu Fisch paßt sehr gut der trockene **Gros Plant**, ein Weißwein, der in der Gegend um Nantes angebaut wird. Ein **Calvados** zum Abschluß schafft wieder Platz im Magen.

MERIAN-TIP

In der **Auberge Saint-Sauveur** stimmt alles: die Atmosphäre im Fachwerkhaus aus dem 15. Jh., die schmackhaft zubereiteten Fisch- und Fleischgerichte und die zuvorkommende Bedienung. Das Restaurant findet man in den Altstadtgassen von Rennes. 6, rue Saint-Sauveur, Tel. 02 99 79 32 56, Sa mittag und So geschl., Mittlere/Obere Preisklasse
■ b 2, S. 35

Fleisch und Wurst in vielen Varianten Als **Prés salés** werden besonders in den Restaurants um den Mont St-Michel die würzigen Lammkoteletts angeboten. Eine weitere Spezialität ist **Gigot à la bretonne**, eine Hammelkeule, serviert mit weißen Bohnen. Steht einmal **Kigha-farz** auf der Speisekarte, sollte man nicht zögern. Es ist ein Gericht aus Rind- und Schweinefleisch, zu dem Gemüse und Buchweizen gehören. Auch Innereien werden in der Bretagne zu Köstlichkeiten verarbeitet. **Andouille** ist eine scharf geräucherte Wurst aus Kutteln, **Andouillette** besteht aus verschiedenen Innereien und wird gebraten gegessen. Ähnlich wie Blutwurst schmeckt die **Boudin**, die manchmal durch Calvados verfeinert wird.

Die meisten französischen **Artischocken** kommen aus der Nord-Bretagne. Sie werden oft gekocht als Vorspeise gereicht, können aber auch von Urlaubern, die sich selbst versorgen, auf dem Markt erstanden werden. Als ganze Frucht serviert, werden die grünen, »fleischigen« Blätter nach und nach abgebrochen und der untere Teil ausgelutscht. So arbeitet man sich langsam zur eigentlichen Delikatesse, dem Artischockenherzen, vor.

Leckereien aus der Zuckerbäckerei Die bretonischen **Backwaren** sind schwer und kalorienreich. **Kouign amann** besteht aus viel Butter und einem Teig aus mehreren Schichten. Sie schmeckt warm am besten. Ein **Gâteau Breton** kommt dem Sandkuchen sehr nahe. Ohne Teig, doch mit viel Milch, Eiern und Trockenpflaumen wird der klassische **Far Breton** zubereitet. Auch die Plätzchen enthalten reichlich Butter. In Dosen mit bretonischen Motiven werden die Butterplätzchen (**Palets Bretons**) der Firmen Traou Mad und Le Guillou angeboten. **Galettes Bretonnes** heißen die dünneren Ausführungen. Auf der Zunge zergehen die hauchfeinen **Crêpes Dentelles** aus Quimper.

Die **Rezepte** der verschiedenen Köstlichkeiten sind keine Geheimnisse. Auf Postkarten werden sie überall verkauft und lassen schon beim Anblick der Fotos das Wasser im Mund zusammenlaufen – gutes Gelingen!

Restaurants sind bei den einzelnen Orten im Kapitel »Sehenswerte Orte und Ausflugsziele« beschrieben.

Preisklassen ☒

Die Preise beziehen sich bei den Restaurants, mit Ausnahme der Pizzerien und Crêperien, auf Menüs ohne Getränke.
Luxusklasse ab 250 FF
Obere Preisklasse ab 150 FF
Mittlere Preisklasse ab 80 FF
Untere Preisklasse ab 40 FF

Die Auberge Saint-Sauveur bietet regionale Spezialitäten in stilvollem Ambiente.

Das Kunsthandwerk hat in der Bretagne eine lange Tradition und lebt an vielen Orten wieder auf. Wer ernsthaft sucht, der findet echte Erinnerungsstücke.

Zu den bekanntesten Souvenirs aus der Bretagne gehören **Lederwaren** aus Dinan, **Webartikel** und **Schnitzarbeiten** aus Locronan und handgearbeitete **Spitzendeckchen** aus verschiedenen Orten. Seit über drei Jahrhunderten wird die Kunst der **Fayencenherstellung** (Keramik/Porzellan) von Generation zu Generation weitergegeben. Die ersten Einflüsse kamen aus Südfrankreich, seit dem 19. Jahrhundert hat der bretonische Stil »à la touche« Weltgeltung und wird in in viele Länder exportiert. Die Manufaktur HB-Henriot in Quimper zum Beispiel hält nach wie vor an dieser aufwendigen Handarbeit fest. Neben den Fay-

encen aus Quimper bieten die Fachgeschäfte auch Produkte aus Pornic und Mongolfier an.

Brocante heißt das Stichwort für Liebhaber antiker Sammelstücke. Flohmärkte, auf denen sich das eine oder andere Schnäppchen machen läßt, finden im Sommer überall in der Bretagne statt.

Professionelle Antiquitätenhändler sind fast in jedem größeren Ort vertreten. Als Erinnerungsstück muß es ja nicht gleich das typisch bretonische »lit clos« – ein kunstvoll verzier-

TOPTEN
8

Wie die bretonischen Trachten zeigen, haben Spitzenarbeiten hier lange Tradition.

tes Schrankbett – sein. Es macht einfach Spaß, In den Antiquitätenläden zu stöbern, und hat man sich erst einmal in einen Gegenstand verliebt, spielt der Preis meist nur noch eine untergeordnete Rolle.

Kulinarische Mitbringsel halten sich zu Hause nicht so lange: Ein paar Flaschen »Cidre buché à la ferme« zum Beispiel oder die bretonischen Butterplätzchen in ihren Metalldosen mit den klassischen Motiven von Paul Gauguin sind einfach zu köstlich zum Aufbewahren. Schwierig wird es mit dem Transport von Langusten, Austern und ähnlichen Delikatessen, die lebend in der Heimat ankommen sollten.

Im Süden der Bretagne, wo Cidre produziert wird, reift auch der hochprozentige Calvados in Eichenfässern. In den meisten Betrieben können Sie erstmal probieren, bevor Sie sich für den Kauf entscheiden.

Haben Sie einmal eine Nacht auf einem »Fest Noz« getanzt, beginnt die Suche nach **Musikkassetten** bzw. **CDs** mit den typischen Klängen von Biniou (der bretonischen Art des Dudelsacks) und Bombarde (einem oboeähnlichen Blasinstrument). Nicht jedes Musikgeschäft bietet diese keltischen Melodien an, die durch Alan Stivell in die Hitlisten gelangten. Manchmal wird man in den einschlägigen Souvenirläden fündig. Die Bretagne im **Gemälde**, auch das läßt sich finden. Die meisten Galerien konzentrieren sich im »Malerstädtchen« **Pont-Aven**. Reicht das Taschengeld nicht für einen echten Gauguin, kann man hier auf gute Kunstdrucke zurückgreifen. Weniger namhafte Künstler preisen allerorts ihre Werke in Öl, Aquarell oder als Bleistiftzeichnungen an. Über die **Wochenmärkte** zu schlendern ist einfach ein Genuß: hoch aufgetürmte Artischocken, Honigkuchen à la maison oder klebrig süßer Met, Krustentiere aller Art neben würzig duftenden Käseständen; und überall heißt es: »dégustation s'il vous plaît« (bitte probieren).

Nicht selten findet man auf dem Wochenmarkt auch einen Verkaufsstand mit einer großen Auswahl bretonischer Musik, die man sich auch vorspielen lassen kann.

Öffnungszeiten Es lassen sich bei den Ladenöffnungszeiten keine festen Regeln aufstellen, mit einer Ausnahme: Die Mittagspause ist den Bretonen heilig. Zwischen 12 und 14 bzw. 15 Uhr hat fast jedes Geschäft geschlossen, nur ganz große Supermärkte sind hiervon ausgenommen. Morgens heben sich zwischen 8 und 9 Uhr die Rolläden, viele Geschäfte haben bis 19 bzw. 20 Uhr geöffnet, Supermärkte auch bis 21 Uhr. Montags ist meist Ruhetag, dafür kann man samstags auch noch am Nachmittag einkaufen. Auf ein frisches Baguette mag der Franzose nicht verzichten, deshalb findet sich selbst am Wochenende immer eine offene **boulangerie**.

Die Küstenorte mit ihren Stränden eignen sich gut für einen kindergerechten Urlaub. Abwechslung bietet hier das Meer. Und reicht dies nicht aus, läßt sich jede Menge unternehmen.

Feinen Sand gibt es zur Genüge, doch nach einiger Zeit wird selbst den Eltern das Burgenbauen etwas langweilig, dann bleiben die verschiedenen Ballspiele, doch auch die verlieren bald ihren Reiz, was dann?

In der Bretagne ist diese Frage schnell beantwortet, Sie können zum Beispiel fischen gehen. Nicht so wie Sie es kennen, mit Angel und Wurm, sondern zu Fuß, mit Schaufel, Harke und Eimerchen. **Pêche à pied** nennen es die Bretonen, wenn sie bei Ebbe auf die Suche nach Schnecken, Muscheln und Krebsen gehen. Für Kinder gibt es dabei immer wieder etwas Neues zu entdecken. Unter den Steinen (bitte wieder an die gleiche Stelle zurücklegen) und im Tang finden sie die kleinen Taschenkrebse und Strandschnecken.

Besonders spannend sind die glasklaren Pools zwischen den Steinen, wo sich allerlei Getier versteckt, bis das Wasser wieder kommt. Zur Abwechslung können Sie mit den Kindern auch mal auf Garnelenfang gehen. Dazu wird das seichte Wasser mit einem speziellen Netz durchkämmt. Profis graben den Sand nach den begehrten »pholabes« und »coûteau droit« (Messermuscheln) um.

Die technischen Utensilien können Sie in allen Größen an jedem Strandort kaufen. Nach einem guten Fang gibt es dann auch eine schmackhafte Mahlzeit: zum Beispiel »Spaghetti à la mer!«

Neben Reitausflügen am Strand und Radtouren sind die verschiedenen Aquarien für Kinder immer wieder spannend.

Ein besonderes Erlebnis für groß und klein – die Schmetterlingsfarm in Vannes.

Océanopolis ■ B 5

Der Besuch eines Aquariums, und davon gibt es in der Bretagne in jedem Badeort eines, kommt bei Kindern immer gut an (Adressen im Text). Sehr kinderfreundlich ist das moderne Océanopolis von Brest mit ferngesteuerten Booten, Seehunden und anderen Attraktionen.

In Brest am Yachthafen
Tgl. Mai–Sept. 9.30–18 Uhr, sonst kürzere Öffnungszeiten
Gestaffelter Eintritt 30–50 FF je nach Alter, Kinder bis vier Jahre gratis

TOPTEN 3

Radtour ■ F 5

Abwechslung in den Badetag bringt auch eine Radtour mit der ganzen Familie. Als besondere Attraktion kann es mal ein Tandem sein. Diese können Sie sich beispielsweise auf der Presqu'île de Quiberon, der schmalen Landnase im Süden, ausleihen.

Quiberon, Place Hoche

Reiterferien

Welches Kind träumt nicht davon, mal auf dem Rücken eines Pferdes über den Strand zu reiten? In einigen Ferienorten kann dieser Wunsch erfüllt werden, denn **faire du cheval** wird bei verschiedenen Reitclubs **(Centre Equestre)** angeboten. Informationen erhält man im jeweiligen Touristenbüro.

Schmetterlingsfarm in Vannes ■ G 5

Unvergeßlich bleibt der Besuch der Schmetterlingsfarm. Hautnah können die Kinder hier farbenprächtige Schmetterlinge erleben.

In Vannes, nahe dem Hafen
Tgl. 10–12.30 und 14–18 Uhr, zur Hauptsaison 10–19 Uhr
Eintritt Kinder bis 5 Jahre gratis, bis 12 Jahre 25 FF, Erwachsene 32 FF

Wandern ■ B 3

Kostenlos und doch sehr abwechslungsreich kann eine zünftige Wanderung entlang der Küste sein. Am Cap Sizun, ganz im Westen der Bretagne, wurden von den Naturschützern eigens Ferngläser installiert, mit deren Hilfe die Besucher junge Vögel im Nest beobachten können.

MERIAN-TIP

Château de Bourbansais Bei dem Besuch des 400 Jahre alten Prachtschlosses in einer repräsentativen Gartenanlage kommt die ganze Familie auf ihre Kosten. Die Eltern können das prunkvolle Interieur besichtigen, für die Kinder gibt es Zebras, Strauße, Luchse und andere exotische Tiere im Zoo des Schloßparks. Das Château liegt etwa 30 Kilometer von St-Malo, 11 Kilometer von Dinan (Nordküste) entfernt in Pleugueneuc, Tel. 02 99 69 40 07. In der Saison täglich von 10 bis 19 Uhr geöffnet. ■ I 2

Wer mehr will, als sich im Urlaub windgeschützt zu bräunen, kommt in der Bretagne voll auf seine Kosten: Das Sportangebot an der Küste wie im Hinterland ist groß.

Bei 1200 Kilometer Küste – Luftlinie wohlgemerkt – wird Baden in der Bretagne ganz großgeschrieben. Der Gezeitenhub von bis zu 14 Metern sorgt jede Stunde für ein neues Bild.

Die abwechslungsreiche Küste bietet vielfältige Sportmöglichkeiten zu jeder Jahreszeit: ausgedehnte Küstenwanderungen auf den ehemaligen Zöllnerpfaden zwischen gelb blühendem Ginster, Golfspiel, Baden, mit dem Surfboard über hohe Wellen zischen, Ballspiele am Strand oder im »char à voile« über den brettharten Ebbestrand flitzen.

Bei Flut wird nach Flundern geangelt, mit der Ebbe kommt die Zeit des »pêche à pied«. Selbst Taucher, Freeclimber und Drachenflieger können in der Bretagne ihrem Hobby nachgehen. Segler finden entlang der Küste sehr gut ausgestattete Yachthäfen, und auf den Kanälen warten Flußboote auf die Freizeitkapitäne.

Im Hinterland können Sie abwechslungsreiche Fahrradtouren unternehmen oder ein paar Tage mit Pferd und Wagen durch die Lande ziehen.

Die weiten Strände an der windigen Küste bieten ideale Voraussetzungen fürs Strandsegeln.

Angeln/Fischen

Am Meer ist das Angeln weit verbreitet. Die beste Zeit kommt dann, wenn sich das Wasser wieder zurückzieht. Bei Ebbe heißt es Muschelsammeln (pêche à pied → Mit Kindern unterwegs, S. 24). In den Unterläufen der Flüsse kommen mittlerweile wieder Lachse vor. Beliebte Stellen sind die Schleusen.

Char à voile

Char à voile ist ein dreirädriger Wagen mit Segel, in dem die Einheimischen vorwiegend außerhalb der Badesaison über die langen Sandstrände fahren. Geschwindigkeiten um die 100 Stundenkilometer sind durchaus drin – wenn man es kann! Vermietung zum Beispiel in Quiberon.

Drachenfliegen

Der 330 m hohe Ménez-Hom im Westen ist der einzige Flugberg in der Bretagne. Rundflüge im Motordrachen ULM werden manchmal an der Küste angeboten.

Golf

Das Golfspielen ist weit verbreitet, die Green-fees liegen oft nahe am Meer oder in einem ehemaligen Schloßpark mit komfortabler Hotelübernachtung.

Hausboote

Eine sehr beliebte Urlaubsvariante sind die Fahrten im Hausboot über die 600 km langen Wasserstraßen der Bretagne (→ Mit dem Hausboot: Auf Kanälen durch die Bretagne, S. 106). Die Palette der zu mietenden Flußboote reicht vom Ponton mit Wohnwagen über den umgebauten Flußkahn bis zu den klassischen Péchettes. Wohnboote sind mit Kochmöglichkeiten, Geschirr und Schlafplätzen für die gesamte Besatzung, das heißt vier bis zehn Personen, ausgestattet. Fahrräder und Angelausrüstung müssen meist separat gemietet werden. Die Boote mit ihren kleinen Motoren können in Frankreich ohne Führerschein gesteuert werden.

Eine **Broschüre** mit allen Bootsanbietern und den nötigen Informationen erhält man beim Französischen Fremdenverkehrsamt in Frankreich (→ Auskunft, S. 110).

Klettern

Die Klettergebiete beschränken sich auf die Steilfelsen an der Pointe de Penhir ganz im Westen, dafür ist es hier um so wilder.

Radfahren

Von der Küste aus lassen sich viele reizvolle Ziele in der Umgebung mit dem Fahrrad erkunden. Doch wer glaubt, die Bretagne sei flach, wird sehr schnell enttäuscht sein. Ein stabiles Rad mit mindestens zehn Gängen sollte es deshalb schon sein. Wer sein eigenes Rad nicht mitbringt, kann sich in jedem Badeort ein **vélo** mieten. Die Bahngesellschaft SNCF bietet an verschiedenen Bahnhöfen den Service **train et vélo** an. Unterschieden werden **vélo tout terrain** (VTT) = Mountainbikes, **randonneur** = Rennrad und **vélo traditionnel**.

Reiten

Die Reitzentren (Centres Equestres) bieten im Sommer Lehrgänge und Tagesausritte für Urlauber an. Das zweitgrößte Gestüt Frankreichs kann in Lamballe besucht werden.

Segeln

Kleine Katamarane und Segeljollen werden an nahezu jedem Badestrand vermietet. Für Törns mit der Segel- oder Motoryacht bietet der Ärmelkanal hervorragende Möglichkeiten, die vorgelagerten **Channel Islands** sind besonders beliebt. Wegen der starken Gezeitenunterschiede müssen die Schleusenzeiten der Häfen beachtet werden.

Strandsurfen

Bei Ebbe ist Strandsurfen auf den harten, weiten Stränden ein beliebter Sport. Als Untersatz dient ein Board mit Ballonrädern. Vermietung z. B. auf der Halbinsel Quiberon.

Surfen

Ob für Einsteiger oder Brandungssurfer, die bretonische Küste ist ein Eldorado für Windsurfer, denn Flaute gibt es selten. Ideale Brandungsstrände finden Sie an der Nord- und Südküste; entlang der Halbinsel **Quiberon** gibt es sowohl Brandungsstrände als auch wellengeschützte Bereiche. Von den Windverhältnissen her trifft man im Mai und Juni beste Surfbedingungen an; ein Trockenanzug ist dann ratsam. Eine Surfschule gibt es in jedem Badeort.

Tauchen

Die stark befahrene Schiffspassage im Westen ist besonders wrackverdächtig. Eine abwechslungsreiche Flora und Fauna erwartet Taucher vor der felsigen **Côte de Granit Rose** oder den **Iles de Glénan** im Süden. Harpunieren ist nur ohne Sauerstoff-Flaschen erlaubt. Die Fangmengen sind stark reglementiert, professionelle Jagd ist untersagt. Ausländer sollten zuvor einen Verein oder die Hafenbehörde kontaktieren. Tauchbasen finden Sie in jedem größeren Küstenort.

Tennis

Tennisanlagen sind in jedem Badeort vorhanden. Bei Campingplätzen oder Hotels kann man den Court stundenweise mieten. Zur Saison großer Andrang, Reservierung rechtzeitig vornehmen.

MERIAN-TIP

Im Pferdewagen durch die Bretagne Wie zu alten Zeiten gemütlich durch Wald und Flur – ein Jugendtraum, der in der Bretagne Wirklichkeit werden kann. Die Wagen sind mit Kochmöglichkeit und Schlafplätzen ausgestattet, Futter für das Pferd wird mitgeliefert. Das Führen des meist gutmütigen Zugtieres ist nicht so schwer, denn »hüh-hott« und »brrr« ist international. Vermietung: Roulettes de Bretagne, 29218 Huelgoat, Gare de Locmaria-Berrien, Tel. 02 98 99 73 28 ■ D 2

Wandern

Alpine Verhältnisse bietet die Bretagne nicht, dafür sehr schöne Küstenwanderwege. Der GR 34 führt einmal um die Halbinsel herum, übernachtet wird in den sogenannten **Gîtes d'étape**. Schönste Jahreszeit ist der Frühsommer, wenn der Ginster blüht. Empfehlenswert auch der Zöllnerpfad entlang der Côte de Granit Rose oder auf der Belle-Ile im Süden der Bretagne. Im Inland wurden bei **Huelgoat** oder im Wald von **Paimpont** sehr schöne Wanderwege angelegt, reizvoll sind auch die schattigen Treidelpfade entlang der Kanäle.

Strände

Die Palette der Strände reicht von der abgelegenen Badebucht bis zum überwachten Sandstrand. An der wilden Westküste gibt es aber auch Bereiche mit striktem Badeverbot. Mit den Gezeiten ändert sich die Größe eines Strandes so enorm, daß man an vielen Abschnitten bei Flut den Badeplatz räumen muß.

Durch den Gezeitenwechsel können aber auch starke Strömungen auftreten, gegen die selbst gute Schwimmer nicht ankommen. Auf diese Weise sterben jedes Jahr einige Urlauber. Die rote Flagge am überwachten Badeabschnitt bedeutet Gefahr und sollte nicht mißachtet werden. Weht die gelbe Flagge, wird es bereits gefährlich. Für die Zeit der Ebbe gibt es an manchen Stränden spezielle Rückhaltebecken.

Die Seebäder bieten am Hauptstrand den Service eines Kinderklubs an, in dem die Kleinen vom geschulten Personal beaufsichtigt werden. Sonnenbaden oben-ohne ist nicht selbstverständlich, FKK an den Stränden fast überall ein Tabu.

Saint-Malo ■ I 1
Östlich der Stadt erstrecken sich mehrere feine Sandstrände, von der runden Badebucht bis zu 3 km Länge.

Saint-Cast-le-Guildo ■ H 1
Sieben feine Sandstrände, einige davon mit Animation und Kinderclub.

Côte de Granit Rose ■ E 1/F 1
Mit rosafarbenen Felsen und rund einem Dutzend herrlicher Sandstrände gehört dieser Küstenbereich zu den attraktivsten und zugleich romantischsten Badegebieten der Nord-Bretagne.

Beg-Meil ■ D 4
Der kleine Badeort an der Südküste bietet 15 Strände von insgesamt 17 km Länge: weißer Sand, sanfte Dünen und dazwischen kristallklare Felsenküste.

Quiberon ■ F 5
Wilde Felsenküste, endlos weite Sandstrände und kleine Badebuchten zeichnen die Halbinsel an der Südküste aus. Zur Wahl steht eine Brandungsseite und ruhiges Meer, je nach Windrichtung.

Belle-Ile ■ F 6
Der 5 km lange Badestrand am Grands Sables verläuft entlang der windgeschützten Nordostseite der Insel.

La Baule ■ H 6
Die Badehochburg im Südosten der Bretagne bietet einen 12 km langen Sandstrand, den schönsten weit und breit.

Morgat ■ B 3
Die feinsandige, geschützte Bucht ist eine Ausnahme an der sonst so wilden Westküste.

Traditionelle Feste, Jazz, Rock und Klassik – das Angebot ist groß. Auf einem sommerlichen »fest-noz« kommt man mit den Bretonen schnell in Kontakt.

Schon nach einem flüchtigen Blick in den Festkalender wird klar: Die Bretonen feiern gerne. Jede Gemeinde, jedes Dorf findet einen Anlaß für ein Fest. Die Liste der Veranstaltungen beginnt im Mai und reicht bis in den Herbst hinein.

Auf keinen Fall sollte man sich ein **fest-noz**, die bretonische Bezeichnung für ein »Nachtfest«, entgehen lassen. Auf einer improvisierten Bühne ertönen die Klänge aus den traditionellen Instrumenten wie Bigno und Bombard, schnell bildet sich ein Kreis, und es wird getanzt – alte Volkstänze, die ihren keltischen Ursprung nicht verleugnen können. Die richtigen Schritte sind weniger ausschlaggebend als der Mut, sich in den Kreis der Tänzer einzureihen und sich von der Begeisterung anstecken zu lassen. Ein Fest-noz, auf dem sich jung und alt einfindet, beginnt nach dem Abendessen und geht bis weit über Mitternacht hinaus. Für Crêpes, Galettes und Cidre ist reichlich gesorgt.

Veranstaltungskalender erhält man bei den Fremdenverkehrsämtern (→ Auskunft, S. 110).

Zu einem »fest-noz« werden häufig noch die traditionellen Trachten getragen.

April
Film- und Fernsehfestival
der keltischen Länder
In der Hafenstadt werden Filme zu keltischen Themen gezeigt.
Lorient

Mai–Juli
Pardons
Die **Pardons** – Prozessionen zu Ehren der unterschiedlichsten Heiligen – sind kaum zu zählen. Zu den Umzügen kommen viele Bretonen in ihrer Tracht. Schon am Pfingstsonntag beginnen die ersten Pardons, so beispielsweise der Pardon von Moncontour, der für seine Lichterprozessionen bekannt ist. Am zweiten Sonntag im Juli wird in Locronan eine der bedeutendsten Prozessionen der Bretagne abgehalten. In der zweiten Julihälfte findet die wohl größte Prozession der Bretagne in Ste-Anne-d'Auray statt. Den Auftakt macht am 25. Juli abends die große Lichterprozession, am nächsten Vormittag beginnt dann die große **Ste-Anne-Prozession**. Außerhalb dieser Zeit kann man sonntags den kleineren Wallfahrten beiwohnen.

Juni
Festival de musique
et danses folklorique
Zu den typischen Klängen keltischer Musik wird auch viel getanzt. Hier kann man die charakteristischen Kopfbedeckungen der Frauen bewundern.
Morlaix

Juli
Festival des Tombées de la Nuit
In der Altstadt von Rennes finden den ganzen Tag über bis spät in die Nacht hinein Musik-, Theater-, Pantomime- und Marionettenaufführungen statt. Dazu wird in den historischen Gassen viel getanzt.

Festival de Cornouaille
Ein echt bretonisches Volksfest mit viel Musik und Tanz, das in der Juliwoche zwischen dem 3. und 4. Sonntag stattfindet. Auskunft:
Festival de Cornouaille
2, pl. de la Tour d'Auvergne
29103 Quimper
Tel. 02 98 55 53 53
Fax 02 98 55 35 60

Fête des Pommiers
Großes Apfelfest in der zweiten Julihälfte in Fouesnant.

August
Festival Interceltique de Lorient
International wird es auf diesem Festival in der zweiten Augustwoche. Es ist **die** Veranstaltung keltischer Musik schlechthin, zu der mehrere Tausend Musiker anreisen. Bretonische Gruppen werden von ihren »Kollegen« aus Schottland, Irland, Wales, Cornwall, Galizien und anderen Teilen Europas verstärkt. Info und Programm:
Festival Interceltique de Lorient
2, rue Paul-Bert
56100 Lorient
Tel. 02 97 21 24 29
Fax 02 97 64 34 13

Fête des Filets Bleus
Zu den traditionellen folkloristischen Festen gehört das »Filets Bleus« von Concarneau in der zweiten Augusthälfte.

Festival de la Danse Bretonne
Eine Woche dauert das Festival in Guingamp. Vor der Kathedrale finden klassische Konzerte statt. Zu den Tanzwettbewerben werden die bretonischen Trachten getragen.

September
Rendez-vous de l'Erdre
In Nantes wird im September das jährliche Jazzfestival veranstaltet.

Das Tor zur Bretagne: Nicht das Meer, nicht die Strände, sondern Kunst, Kultur und eine kontrastreiche Innenstadt machen den Reiz von Rennes aus.

Rennes ■ K 3

245 000 Einwohner
Stadtplan → S. 35

Rennes wächst und wächst. In Sachen Kommunikationselektronik ist die mit fast einer Viertelmillion Einwohnern größte Stadt der Bretagne inzwischen führend. Im Kern ist Rennes die »Alte« geblieben: Fotogene Fachwerkhäuser zieren die schmalen Altstadtgassen rund um die Kirche, gleich nebenan leuchten prunkvolle Paläste vergangener Jahrhunderte.

Rennes ist zum einen administratives Zentrum der Region Bretagne mit einer 1735 gegründeten Universität, zum anderen aber auch kultureller Mittelpunkt im Westen Frankreichs. Neben den festen Einrichtungen wie Theater, Sinfonieorchester und Museen werden jedes Jahr verschiedene Kunstausstellungen und Musikfestivals veranstaltet. 30 000 Studenten beleben das Bild der Stadt und prägen die Kneipenszene.

Alle Herrscher der Bretagne wurden in der Kathedrale gekrönt, so auch Herzogin Anne. Ihre Hochzeit mit Karl VIII. im Jahr 1491 rettete zwar die belagerte Stadt vor der Einnahme durch die Truppen des französischen Königs, bereitete aber auch die Vereinigung der Bretagne mit Frankreich vor, die 1532 besiegelt wurde. Dem großen Stadtbrand fielen im Dezember 1720 weite Teile der Altstadt zum Opfer. Unter dem Pariser Architekten Jean Gabriel begann wenig später der Wiederaufbau. Monumentale Steinbauten zeugen heute noch davon.

In der Altstadt von Rennes, vor allem rund um die Kathedrale, kann man prachtvolle Schnitzereien entdecken.

Hotels/andere Unterkünfte

Anne de Bretagne ■ c 3
In der Nähe des Bahnhofs, Zimmer
zur Kreuzung, nicht gerade ruhig.
12, rue Tronjolly
Tel. 02 99 31 49 49, Fax 02 99 30 53 48
42 Zimmer
Mittlere Preisklasse

Garden ■ e 3
Zentral, doch Zimmer mit schmaler
Terrasse oder Balkon.
3, rue Duhamel/Ecke Av. Janvier
Tel. 02 99 65 45 06, Fax 02 99 65 02 62
24 Zimmer
Untere Preisklasse

Hotel Lecoq-Gadby nordöstlich ■ c 1
Das Vier-Sterne-Hotel besticht durch
die Blumenterrasse.
156, rue d'Antrain
Tel. 02 99 38 05 55, Fax 02 99 38 53 40
11 Zimmer
Obere Preisklasse

Hotel Mercure Pré Botté ■ d 3
Ein Mittelklassehotel, das durch ein
gutes Preis-Leistungs-Verhältnis
auffällt.
1, rue Paul-Louis-Courier
Tel. 02 99 78 32 32, Fax 02 99 78 33 44
104 Zimmer
Mittlere Preisklasse

Hotel Mercure Rennes Colombier
südwestlich ■ d 3
Groß, komfortabel, ruhige Lage.
1, rue du Capitaine Maignan
Tel. 02 99 29 73 73, Fax 02 99 30 06 30
140 Zimmer
Mittlere Preisklasse

Camping Municipal des Gayeulles
nordöstlich ■ a 1
Schön gelegener Platz, Wiesenboden.
Rue du Professeur-M.-Audin
Tel. 02 99 36 91 22, Fax 02 99 31 48 82
100 Plätze
Geöffnet April–Ende Sept.

Spaziergang

Ausgangspunkt für einen Rundgang
ist der Pavillon des Touristenbüros.
Hier nimmt man die **Rue de Rohan**
und biegt bei der ersten Querstraße
nach links in die **Rue Beaumanoir**
und anschließend in die **Rue du
Chapitre** ein. Die prachtvollen
Schnitzereien der Fassaden zeigen
sich am Eckhaus Nr. 22 besonders
deutlich. Am Chor der Kathedrale
St-Pierre entlang stößt man in der
Rue St-Guillaume auf das schönste
Fachwerkhaus der Stadt – das heu-
tige Restaurant Ti Koz mit seinem
Figurenschmuck an der Fassade.
Haus Nr. 6 in der **Rue St-Sauveur**
stammt aus dem 16. Jh. Bei der Kirche St-Sauveur gehen Sie links in
nördlicher Richtung, bis die Straße
in die belebte **Place St-Michel** mündet, die mit ihren gestreiften Fach-
werkkonstruktionen das mittelalterliche Flair widerspiegelt. Seitlich befindet sich die **Place des Lices** mit
den beiden Markthallen aus dem
19. Jh. Vermutlich fand hier im Mittelalter das legendäre Turnier
statt, bei dem der Ritter Bertrand du
Guesclin (→ Dinan, S. 45) zu großen
Ehren kam. Über die **Rue St-Michel**
zur **Place Ste-Anne.** Das Bild des
Platzes wird von der angrenzenden
Kirche **St-Aubin** und den Fachwerkhäusern geprägt, die sich rechts in
der Gasse **Rue de Pont-aux-Foulons**
fortsetzen. Am Ende erreicht man
die breite **Rue Le Bastard.** Der Spaziergang führt über die Fußgängerstraße in das klassizistische Stadt-
viertel, das nach dem großen Brand
1720 entstand. Die **Rue d'Estrées**
mündet in die **Place de la Mairie** mit
dem Rathaus zur Rechten und – wie
ein architektonisches Gegenstück –
dem Theater zur Linken. Gleich links
führt die **Rue de Brilhac** auf die **Place du Parlement de Bretagne,** die
von Gebäuden des 18. Jh. umgeben

ist, im Norden begrenzt vom Justiz-palast. Von hier zweigt die **Rue St-Georges** ab, die zu den schönsten Straßenzügen der Stadt gehört. Am Ende nach links erreicht man über die **Rue Gambetta** den Eingang zum Jardin des Plantes, rechts herum gelangt man am **Quai Emile Zola** zum Musée de Bretagne et des Beaux-Arts.

Sehenswertes

Cathédrale St-Pierre ■ b 2
Das klassizistische Gebäude stammt mit Ausnahme der beiden markanten Türme aus dem letzten Jahrhundert. Der Stadtbrand hatte die Kathedrale weitgehend zer-stört. Bemerkenswert ist der vergol-dete Schnitzaltar (Seitenkapelle) im reichverzierten Inneren.

Hôtel de Ville und Théâtre ■ c 2
Zwei Prachtbauten an der Place de la Mairie. Das »Hôtel de Ville« mit dem Uhrturm wurde zwischen 1734 und 1743 errichet, Architekt war Jacques Gabriel. Das Theater vis à vis erhielt im neoklassischen Stil vor 100 Jahren seinen Platz.

Jardin des Plantes
(Jardin du Thabor) ■ d 1/f 1
Der Park im französischen Stil ge-hörte einst zum Kloster Ste-Mélaine. In der Anlage am Rande der Alt-stadt gibt es einen Rosengarten und eine Volière.

Palais de Justice ■ c 1/d 1
Das historische Kleinod aus der Zeit des Sonnenkönigs Ludwig XIV. (17. Jh.) brannte am 5. Februar 1994 bei einer Demonstration aufge-brachter Fischer fast völlig aus. Nur wenig konnte aus der prunkvollen Innenausstattung gerettet werden, die aus vergoldeten Decken, präch-tigen Holzvertäfelungen, ausge-prägten Stuckarbeiten und großen Gemälden bestand.

Die Wandteppiche zeigten die Hochzeit der Königin Anne de Bre-tagne mit dem französischen König Karl VIII.

Die aufwendigen Rekonstruktio-nen dauern länger als geplant. Wann das einstige Parlaments-gebäude wieder zu besichtigen ist, erfragt man besser vor Ort. Sicher ist nur, daß nie wieder der alte Glanz hergestellt werden kann.

MERIAN-TIP

Zwei Highlights unter einem Dach: Im **Musée de Bretagne**, dem größten Museum bretonischer Kultur, wird man aus-giebig über die Geschichte informiert: Trachten, Gebrauchs-gegenstände und Möbelstücke. Hintergrundinformation vermittelt die Dia-Ton-Show. Die umfangreiche Sammlung des **Musée des Beaux-Arts** präsentiert Gemälde ab dem 14. Jh. Die Bilder des 19. Jh. erfahren durch die »Schule von Pont-Aven« mit Werken von Paul Gauguin, Emile Bernard u. a. ein besonderes Interesse. Fayencensammlung. 20, quai Emile Zola, tgl. außer Di 10–12, 14–18 Uhr ■ d 2/d 3

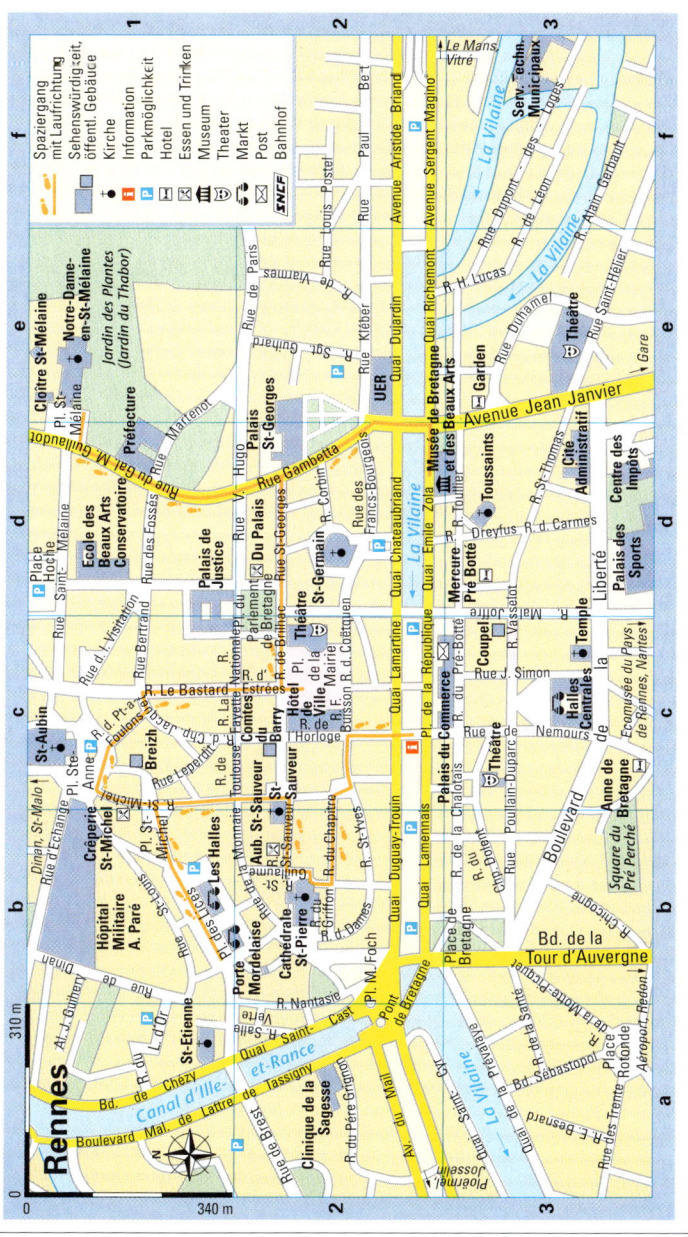

Rennes

Museum

Ecomusée du Pays de Rennes
südöstlich ■ d 3
Wie Cidre produziert wird, wie ein bretonisches Bauernhaus vor Jahrhunderten eingerichtet war, wieviel Handarbeit die Landwirtschaft damals erforderte, all das erfährt man auf dem ehemaligen Gut von Bintianais.
Im Süden der Stadt
Rte. de Châtillon-sur-Seiche
Tgl. außer Di 14–18 Uhr

Essen und Trinken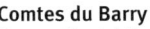

Auberge St-Sauveur ■ b 2
→ MERIAN-Tip, S. 19

Le Chambord
südlich ■ e 3
Hier wird Dîner bei Spitzendecken und Kerzenschein serviert.
4, av. Janvier
Tel. 02 99 30 09 20
Mittlere Preisklasse

Le Corsaire
nördlich ■ c 1
Von »foie de canard« bis zu den Meeresfrüchten wird hier alles geboten, was das Herz begehrt.
52, rue d'Antrain
Tel. 02 99 36 33 69
So geschl.
Obere Preisklasse

La Fontaine aux Perles
südöstlich ■ f 3
Ausgezeichnetes Restaurant.
96, rue de la Poterie
So und Mo abends geschl.
Tel. 02 99 53 90 90
Obere Preisklasse

L'Escu du Runfao ■ b 2
Eingerichtet in einem Haus aus dem 15. Jahrhundert.
11, rue du Chapitre
Sa mittag und So abend geschl.
Tel. 02 99 79 13 10
Mittlere bis obere Preisklasse

Einkaufen

Breizh ■ c 1
In diesem Laden mit der bretonischen Bezeichnung der Bretagne bekommt man all das, was mit der bretonisch-keltischen Kultur zu tun hat, insbesondere Bücher, Musikkassetten und CDs.
17, rue de Penhoët

Comtes du Barry ■ c 2
Genau die richtige Boutique für Geschenke kulinarischer Art.
2, rue de Châteaurenault

Coupel ■ c 3
Die beste Konditorei der Stadt findet man in der Fußgängerstraße hinter der Hauptpost. Die Pâtisserie ist bekannt für ihre preisgekrönten »tartes aux pommes«, doch nicht nur diese sind zu empfehlen.
13, rue Vasselot

Wochenmarkt ■ b 1/b 2
Jeden Samstag auf der Place des Lices findet ein farbenfroher Markt statt.

Am Abend

»On prend un verre?« – (gehen wir etwas trinken?) Auf diese Frage gibt es eine Antwort: »Rue St-Michel«! In der kurzen Fußgängerzone stehen die Plastikstühle der Kneipen dicht an dicht, an den Fassaden biegen sich die Fachwerkbalken.

Service

Office du Tourisme ■ c 2
Pont de Nemours
35000 Rennes
Tel. 02 99 67 11 11, Fax 02 99 79 31 38

SNCF (Bahnhof)
südlich ■ e 3
Ende der Av. Jean Janvier
Tel. 02 99 53 23 23, Fax 02 99 53 82 22

Zicle in der Umgebung

Forêt de Paimpont
■ H 4/13

Der sagenumwobene Wald liegt 35 km westlich Rennes an der N 24. Früher erstreckte sich das Waldgebiet (Argoat), das die »Heimat« König Artus und seiner heldenhaften Ritter war, über die gesamte innere Bretagne. Auf einem Spaziergang in dem Zauberwald von Brocéliande, zwischen mistelumsponnenen Bäumen zur Barentonquelle oder ins »Tal ohne Rückkehr«, werden vielleicht die Geschichten von der Fee Viviane, dem Ritter Lancelot und Morgane, die untreue Liebhaber mit ihrem Bann belegte, wieder lebendig. Hier hatten die Druiden ihre Opferstellen, in den Dolmen wurden zur Megalithepoche über Generationen die Toten bestattet. Ausgangspunkt ist der kleine Weiler Paimpont (→ Durch die Ostbretagne, S. 105).

La Roche-aux-Fées
■ K 4

30 km südöstlich von Rennes befindet sich das beeindruckendste Megalithbauwerk der Ostbretagne. Das Ganggrab (Allée couverte) von 14 m Länge ist mit über 40 t schweren Steinen bedeckt. Nach alter Überlieferung finden Brautpaare hier die Antwort auf die Frage, ob sie zum Traualtar schreiten sollen. Vorausgesetzt, sie finden unabhängig voneinander heraus, aus wie vielen Felsen das Grab erbaut wurde. Die Zufahrt erfolgt über die D 163 Richtung Châteaubriant, vor Corps-Nuds auf die D 41, dann weiter zum Dolmen La Roche-aux-Fées. 15 km entfernt liegt die 4000 Einwohner zählende Ortschaft **La Guerche-de-Bretagne** mit ihren charakteristischen Arkadenhäusern am Marktplatz. Dienstags vormittags Wochenmarkt.

Der »Feen-Felsen« genannte Dolmen wurde vermutlich 2500 v. Chr. angelegt.

Vitré
■ L 3

14 500 Einwohner

35 km östlich von Rennes erreicht man dieses Musterstädtchen. Vitré lag von jeher an der Hauptverbindung nach Paris, wurde aber nie zerstört. Damit hat sich das schönste mittelalterliche Stadtensemble der Bretagne erhalten. Dort, wo einst die Ledermacher ihre Werkstätten hatten, sind jetzt Kunsthandwerker, Restaurants und Cafés eingezogen. Nur 6 km von hier entfernt (D 88) hatte die Marquise de Sévigné ihren »Landsitz«. In **Rochers-Sévigné** konnte sie sich von ihren anstrengenden gesellschaftlichen Verpflichtungen in Paris erholen. Hier schrieb sie einige ihrer berühmt gewordenen Briefe, die das Leben am Königshof Ludwig XIV. scharfsinnig widerspiegeln. Ihre Werke wurden auch ins Deutsche übersetzt und sind sehr amüsant zu lesen.

Die schönsten Küstenabschnitte

der Bretagne liegen im Norden. Der starke Gezeitenunterschied läßt bei Ebbe die Boote auf dem Trockenen zurück.

Unmittelbar am Eingang zur Bretagne ragt der Klosterberg Mont-Saint-Michel aus der Bucht auf. Seitdem sich der Grenzfluß Couesnon einen neuen Weg um die Felseninsel gesucht hat, gehört das hochkarätige Ausflugsziel zur Normandie. Am anderen Ende der seichten Bucht liegt Cancale, ein kleines Städtchen, das durch seine Austern weit über die Grenzen bekannt ist. Hier beginnt die 120 Kilometer lange Smaragdküste (**Côte d'Emeraude**). Weit ins Meer hinaus schieben sich die Landzungen; zwischendrin liegen geschützte Badebuchten mit feinen Sandstränden, die von Felsen eingefaßt sind.

Kein Mangel an Kontrasten

Landschaftlicher Höhepunkt ist das Cap Fréhel, das mit seinen Vogelfelsen bis zu 70 Meter aus den Fluten emporragt. Das Meer wartet bei Saint-Malo mit dem höchsten Gezeitenunterschied auf – maximal 14 Meter. Einige Fischerorte haben sich in begehrte Badezentren verwandelt, doch von Hotelhochburgen wie in anderen Regionen Frankreichs blieb die Küste trotz ihrer Schönheit bisher verschont. Hübsche Städte wie Saint-Malo oder Dinan sind bis auf den heutigen Tag von Festungsmauern umgeben.

An der **Côte de Granit Rose**, dort, wo der Ginster, die Küstenfelsen und das Meer um die kräftigsten Farben wetteifern, zeigt sich die Bretagne von ihrer charmantesten Seite. Die Urlauber wissen das zu schätzen und kommen in den Sommermonaten zahlreich. Neben den schönsten Sandstränden ragen bizarr geformte Felsen aus dem Meer auf, die mit phantasievollen Namen getauft wurden. Die Seebäder Perros-Guirec, Trégastel und Trébeurden schließen den Reigen der Badeorte ab, danach wird die Nordküste rauher und die Dörfer bescheiden.

Das Angebot der Bootsausflüge reicht von den Fahrten zu den vorgelagerten Inseln bis zu den Channel Islands weit draußen im Ärmelkanal. In der Departements-Bezeichnung »Côtes d'Armor« lebt der alte keltische Name für den Küstenbereich weiter. Doch nicht nur die Küste, auch das Inland hat seine Reize. Da haben im Osten mächtige Burgen die Turbulenzen der Jahrhunderte überstanden, da erstrecken sich die letzten großen Waldgebiete, die einst die ganze Bretagne bedeckten.

Côte de Granit Rose

■ E 1/F 1

Nicht die Orte, nicht die Sehenswürdigkeiten, sondern die einmalig schöne Küste mit ihren feinen Sandstränden und den rosa schimmernden Granitfelsen machen den Reiz dieser Region aus. Wer dann noch die Reisezeit auf den Frühsommer legen kann, wenn der Ginster in voller Blüte steht und der große Urlaubansturm noch nicht eingesetzt hat, kommt hier voll auf seine Kosten. Obwohl sich die malerische Küste mit dem klangvollen Namen von Paimpol bis Trébeurden erstreckt, konzentriert sich der Tourismus auf die ausgefranste Halbinsel im Westen. Um die schönsten Felsformationen wetteifert hier das mondäne Perros-Guirec bzw. der Ortsteil Ploumanac'h mit seinem Nachbarn Trégastel. Über den Spazierweg »Sentier des douaniers« kann man sowohl die eine als auch die andere Küstenpartie erreichen. Am Rande, im wahrsten Sinne des Wortes, liegt das Städtchen Trébeurden, das die Natur nicht so üppig ausgestattet hat wie seine Mitbewerber.

Meertang wird in diesem Küstenabschnitt bis zum heutigen Tag geerntet. Ein ebenso seltener Anblick sind die weiten Artischockenfelder, Delikatessen, die wie eh und je in mühevoller Handarbeit gepflückt werden. Wenige Kilometer sind es von der Küste zu den einzigartigen Kalvarienbergen und dem ältesten Megalithgrab Europas – dem Cairn de Barnenez. Ein beliebtes Ausflugsziel ist auch die Stadt Morlaix mit ihrem markanten Eisenbahnviadukt und den ungewöhnlichen Laternenhäusern.

TOP TEN
5

Die Felsformationen an der Côte de Granit Rose wurden im Laufe von Jahrmillionen ausgewaschen – etwa zwei Millimeter in zehn Jahren.

SEHENSWERTE ORTE UND AUSFLUGSZIELE

Ziele in der Umgebung

Perros-Guirec und Ploumanac'h E 1
8000 Einwohner

Aushängeschild der Côte de Granit Rose sind die rosa-roten Granitfelsen entlang der Küste im Ortsteil Ploumanac'h. Die vielen Villen des letzten Jh. zeigen, daß der Hauptort schon zu Beginn des Badetourismus seine Stammgäste hatte. Das Seebad erstreckt sich von den feinen Sandstränden den Hang hinauf bis zum Geschäftszentrum in der Oberstadt. Von den steilen Straßen herab ergeben sich immer wieder herrliche Ausblicke auf das Meer mit der vorgelagerten Ile Tomé und dem Archipel »Les Sept Iles«. Im Hafen haben längst die Segelboote aus aller Welt die Fischkutter an den Rand gedrängt.

Hotels/andere Unterkünfte

Les Feux des Iles
In dem familiären Hotel unbedingt ein Zimmer mit Inselblick reservieren lassen. Panoramarestaurant und gute Küche.
53, bd. Clémenceau
Tel. 02 96 23 22 94, Fax 02 96 91 07 30
15 Zimmer
Mittlere Preisklasse

Le Manoir du Sphinx
Drei-Sterne-Hotel in einer Villa aus dem 19. Jh. Traumhafte Lage mit Weitblick vom Speiseraum.
67, chemin de la Messe
Tel. 02 96 23 25 42, Fax 02 96 91 26 13
20 Zimmer
Mittlere Preisklasse

Du Parc
Ansprechendes Natursteinhotel nahe dem Strand und den rosa Felsen von Ploumanac'h.

174, rue Saint Guirec
Tel. 02 96 91 40 80, Fax 02 96 91 60 48
11 Zimmer
Untere Preisklasse

Camping Le Ranolien
Direkt an den rosa Felsen hat die Lage ihren Preis. Vier-Sterne-Ausstattung mit kinderfreundlichem Swimmingpool. Zahlreiche Mietcaravane. Reservierung zur Hochsaison erforderlich.
540 Plätze
Tel. 02 96 91 43 58, Fax 02 96 91 41 90
Geöffnet Ende März–Nov.

Spaziergang

Ein Küstenspaziergang von etwa $2^1/_2$ Stunden, der zu den schönsten der gesamten Bretagne gehört. Bei Sonnenauf- bzw. -untergang hat man besser noch einen zweiten Film in der Tasche! In der Bucht von Ploumanac'h führt der »Sentier des Douaniers«, der Zöllnerpfad, durch das »Felsenchaos« der Côte de Granit Rose. Postkartenmotive, wie das Schloß des Teufels oder den Hut Napoleons ganz vorne auf der Landspitze Ar Skevell, hat die Natur im Laufe der Jahrtausende aus dem Granit geformt. Hinter der Villa beim Leuchtturm lugt zum krönenden Abschluß dann das Schloß **Costaérès** hindurch (privat). Hier logierte der polnische Schriftsteller Henryk Sienkiewicz (geb. 5. Mai 1846, gest. 15. Nov. 1916), Autor des Bestsellerromans »Quo vadis?«, in dem er die Christenverfolgung zur Zeit Neros thematisiert. Nobelpreis 1905. Bei Ebbe liegen die Felsen wie verlorene Bauklötze auf dem Sandstrand. Der Pfad beginnt oberhalb des Plage de Trestraou und erreicht nach 5 km den Hafen von Ploumanac'h. Der schönste Abschnitt liegt im Bereich des Leuchtturms. Zur Saison ziemlich überlaufen.

Museen

Maison du Littoral
In dem Haus am Leuchtturm kann
man sich über das charakteristische
Gestein der Küste und die einheimi-
schen Pflanzen informieren.
In der Saison tgl. 10.30–19 Uhr

**Le Musée de Cire
(Wachsfigurenmuseum)**
Napoleon, Renan und andere
berühmte Franzosen des 19. Jh.
wurden hier in Szene gesetzt.
Vis à vis vom Yachthafen
Tgl. Mitte Juni–Mitte Sept.
10.30–12.30 und 14.30–19.30 Uhr

Essen und Trinken

Le Manoir du Sphinx
Der Weitblick von dem Hotel-
Restaurant und die feine Zuberei-
tung der Gerichte überzeugen.
67, chemin de la Messe
Tel. 02 96 23 25 42
Obere Preisklasse

Le Printania
Das Hotelrestaurant ist bekannt für
seine gute Küche. Gratis ist der

Blick über den Strand bis zu den
Sept Iles.
12, rue des Bons-Enfants
Tel. 02 96 49 01 10
Mo Mittag geschl.
Obere Preisklasse

St-Guirec de la Plage
Direkt am Strand ist es der schönste
Platz, um bei Sonnenuntergang die
Früchte des Meeres zu genießen.
Plage St-Guirec
Ploumanac'h
Tel. 02 96 91 40 89
Mittlere Preisklasse

Am Abend

An Diskotheken und Nachtclubs
mangelt es nicht, das **Casino** hat
fast die ganze Nacht seine Pforte
geöffnet. Im Jazz Club Melody
Blues (Galerie du Linkin) spielt zur
Hochsaison jeden Abend eine Live-
band.

*Rund um eine kleine Hafenbucht
liegt der 1880 gegründete Badeort
Trégastel (→ S. 44).*

SEHENSWERTE ORTE UND AUSFLUGSZIELE

Service

Office de Tourisme de Perros-Guirec
21, pl. de l'Hôtel de Ville
22700 Perros-Guirec
Tel. 02 96 23 21 15, Fax 02 96 23 04 72

Trébeurden ■ E 1

3100 Einwohner

Auch wenn der letzte Badeort an der Côte de Granit Rose noch phantasievolle Felsformationen und aufgeschichtete Granitquader zu bieten hat, liegt er etwas im Schatten seiner Konkurrenten. Die Häuser erstrecken sich vom Strand bis zum älteren Ortsteil (Le Bourg) oberhalb am Hang. Trébeurden wirbt mit seinen guten Surfmöglichkeiten an der tief eingeschnittenen Badebucht, die einen guten Schutz vor den hohen Atlantikwellen bietet. Hier finden sowohl Einsteiger als auch Könner bei entsprechendem Wind gute Bedingungen. Zum Sonnenbaden bleibt an dem langen Sandstrand »Tresmeur« bei Flut noch genügend Raum. Zieht sich das Meer zurück, wird er zu einem großen Spielplatz.

Am Plage »Goas-Treiz« legt die Ebbe viele kleine Inseln und Felsen frei. Dann kommt die Zeit der Muschelsammler, die auf der Suche nach den Delikatessen den Sand durchpflügen und jeden Stein umdrehen.

Hotels/andere Unterkünfte

Manoir de Lan Kerellec
Besticht durch seine Lage über dem Meer mit großzügiger Terrasse. Guter Drei-Sterne-Komfort.
Allée Central
Tel. 02 96 15 47 47, Fax 02 96 23 66 88
19 Zimmer
Obere Preisklasse

Ti al Lannec
Altehrwürdiges Hotel im Grünen mit Garten und Terrasse.
14, allée de Mézo-Guen
Tel. 02 96 15 01 01,
Fax 02 96 23 62 14
30 Zimmer
Mittlere/Obere Preisklasse

Ein 50 Meter hoher weißer Nylonball – die Radarkuppel der Satellitenstation Pleumeur-Boudou.

Camping Armor
Windgeschützte Stellplätze, etwa einen halben Kilometer zum nächsten Strand. Schöne Drei-Sterne-Anlage.
Rte. de Porz Mabo
Tel. 02 96 23 52 31
120 Stellplätze

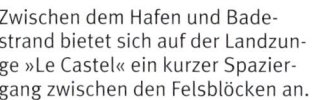

Spaziergang

Zwischen dem Hafen und Badestrand bietet sich auf der Landzunge »Le Castel« ein kurzer Spaziergang zwischen den Felsblöcken an. Besonders schön zur Abendstimmung.

Sehenswertes

Bootsfahrt um die Sept Iles
Die kleinen Inseln werden von vielen Tausenden Seevögeln als Brutstätte aufgesucht. Ausflugsboote tuckern ab den Küstenorten mehrmals täglich dicht an den Vogelfelsen vorbei.

Menhir de St-Uzec
Mit christlichem Kreuz und verschiedenen Zeichen der ungewöhnlichste Menhir.
Am Rande des Dorfs Penvern, D21

Essen und Trinken

Ker an Nod
Von dem Hotel-Restaurant kann man beim Abendessen auch den Sonnenuntergang genießen.
2, rue Porz Termen
Tel. 02 96 23 50 21
Mittlere/Obere Preisklasse

Ti al Lannec
Hotel-Restaurant im älteren Stil mit viel Plüsch, gute Küche.
Allée de Mézo-Guen
Tel. 02 96 15 01 01
Obere Preisklasse

Service

Office de Tourisme
Pl. de Crec'h-Héry
22560 Trébeurden
Tel. 02 96 23 51 64
Fax 02 96 15 44 87

MERIAN-TIP

Satellitenstation Pleumeur-Bodou Technikfreaks kommen im Musée des Télécommunications, auf dem Gelände der einzigen französischen Satellitenstation, voll auf ihre Kosten. Viele Exponate veranschaulichen die Entwicklung vom Morseapparat bis zur Satellitenübertragung. Wer lieber in die Sterne schaut, sollte das Planetarium wählen. Für Kinder dürfte das Village Gaulois interessanter sein, ein nachgebildetes Dorf aus der Zeit von Asterix und Obelix. Die Privatinitiative steht unter dem Motto »du Monde des Enfants aux Enfants du Monde«, kurz MEEM. ■ E 1

Trégastel E 1

2200 Einwohner

Der Badeort hat in diesem Küstenabschnitt die meisten Sandstrände zu bieten. Mit den Gezeiten verändern sie von Stunde zu Stunde ihr Bild. Verschwinden an einigen Stellen bei Flut die Liegeflächen vollkommen, werden bei Ebbe immer kunstvollere Felsgebilde sichtbar. Der feinsandige Hauptstrand Plage du Coz-Porz mit seinen verschiedenen Strandeinrichtungen wird von großen Felsen begrenzt. Bekannt sind der riesige Würfel, der Totenkopf und andere fotogene Felsskulpturen.

Der Familienbadeort entstand um die kleine Hafenbucht, weiter oberhalb im Landesinnern liegt der ältere Ortsteil.

Hotels/andere Unterkünfte

Armoric Hôtel
Sympathisches Hotel am Meer mit Restaurant und Tennisplatz. Zimmer auch für Rollstuhlfahrer.
Plage du Coz-Porz
Tel. 02 96 23 88 16
46 Zimmer
Mittlere Preisklasse

Beau Sejour
Direkt am Badestrand, teilweise Meerblick von den Zimmern der ersten Etage.
Pl. du Coz-Porz
Tel. 02 96 23 88 02, Fax 02 96 23 49 73
16 Zimmer
Untere/Mittlere Preisklasse

Belleveue
Repräsentatives Drei-Sterne-Hotel mit ruhigem Garten.
20, rue des Calculots
Tel. 02 96 23 88 18, Fax 02 96 23 89 91
31 Zimmer
Mittlere Preisklasse

Spaziergang

Der schönste Abschnitt des Küstenspaziergangs auf dem Zöllnerpfad beginnt beim Strand »Grève de Tou-Drez«. Der Weg führt einmal um die kleine Halbinsel »Ile Renote« herum, die zum Parc Naturel erklärt wurde. Auf der einen Seite ist das **Château Costaérès** im Blick, auf der anderen Seite kann man bei Ebbe trockenen Fußes zum Felsengewirr der **Ile du Grand Gouffée** hinaufkrabbeln.
Dauer: 1 bis 1 1/2 Stunden

Sehenswertes

Moulin à Mer
Die Gezeitenmühle war bis Anfang dieses Jahrhunderts in Betrieb. Führungen Juli–Aug. tgl. 10–19, Juni und Sept. tgl. außer Di 15–18.30 Uhr

Museum

L'Aquarium Marin
In einer prähistorischen Grotte kann man die Fische, die vor der bretonischen Küste schwimmen, betrachten.
Bd. du Coz-Porz
Tgl. zur Saison 10–20 Uhr

Essen und Trinken

Des Bains
Große Fisch- und Fleischauswahl im Hotel-Restaurant.
Bd. du Coz-Porz
Tel. 02 96 23 88 09
Untere/Mittlere Preisklasse

Service

Office de Tourisme
Pl. Ste-Anne
22730 Trégastel
Tel. 02 96 15 38 38
Internet: http://www.hr/tregastel

Dinan ■ I 2
11 500 Einwohner
Stadtplan → S. 47

Waren es einst Handwerker und Kaufleute, bestimmen heute zur Sommersaison die Touristen das Bild der Stadt. Das ist nicht verwunderlich, schließlich zählt Dinan zu den schönsten mittelalterlichen Städtchen der Bretagne. Die Lage auf dem 75 Meter hohen Plateau über der Rance, der komplett erhaltene Stadtmauerring und die vielen Fachwerkhäuser mit ihren Galerien machen die Altstadt besonders attraktiv.

Dem berühmtesten Sohn der Stadt, Bertrand du Guesclin (1320–1380), ist es zu verdanken, daß Dinan 1359 nicht zum zweiten Mal von den Engländern eingenommen wurde. Im Hundertjährigen Krieg hatte der »Ritter ohne Furcht« im Dienste Frankreichs entscheidend dazu beigetragen, daß die Bretagne nicht in die Hände der Engländer fiel. Die Karriereleiter stieg Bertrand du Guesclin vom einfachen Bauernsohn zum Constable de France, dem ranghöchsten Kommandeur der französischen Armee, hinauf. Sein Name begegnet dem Reisenden immer wieder in der Bretagne: auf Straßenschildern, in Hotelbezeichnungen und Restaurantnamen.

Im 14. Jahrhundert beginnt die Befestigung der Stadt. Der über zweieinhalb Kilometer lange Mauerring ist mit 16 Wehrtürmen gespickt. Bis zur wirtschaftlichen Blüte im 15. Jahrhundert waren Tuche und Lederwaren besonders gefragt. Über die Rance konnten die Produkte verschifft werden. Mit der Industrialisierung kam das Aus für die Handelsstadt.

Die mittelalterliche Stadtbefestigung und die in den Altstadtgassen ansässigen Kunsthandwerker sind Anziehungspunkte in Dinan.

SEHENSWERTE ORTE UND AUSFLUGSZIELE

Hotels/andere Unterkünfte

D'Avaugour ■ b 3
Komfortables Hotel nahe der Stadtmauern, die Zimmer freundlich mö-
bliert. Ansprechendes Restaurant.
1, pl. du Champ
Tel. 02 96 39 07 49, Fax 02 96 85 43 04
27 Zimmer
Mittlere Preisklasse

De France westlich ■ a 1
Das familiäre Hotel bietet ordentliche Zimmer und ein Restaurant.
7, pl. du Champ
Tel. 02 96 39 22 56, Fax 02 96 39 08 96
14 Zimmer
Untere Preisklasse

Tour de l'Horloge ■ b 2
Im Herzen der Altstadt, komfortable
Ausstattung der Zimmer.
5, rue de la Chaux
Tel. 02 96 39 96 92, Fax 02 96 85 06 99
12 Zimmer
Mittlere Preisklasse

Camping de l'Hallerais
nordöstlich ■ c 1
Schöne Anlage, terrassiert zur
Rance, 3 km außerhalb in Taden.
Tel. 02 96 39 15 93, Fax 02 96 39 94 64
225 Stellplätze
Geöffnet März–Okt.

Spaziergang

Der historischen Altstadt nähern
Sie sich am besten vom Flußhafen
der Rance aus. Der beschwerliche
Weg über die steile **Rue du Petit
Fort** war bis ins letzte Jahrhundert,
bevor der Viadukt gebaut wurde,
der wichtigste Zugang in die Handelsstadt. Exportschlager waren
Tuche, Leinen und Getreide. In den
Fachwerkhäusern haben sich wieder
Handwerker niedergelassen, die
sich auf Kunsthandwerk spezialisiert haben. Durch die **Porte du**

Jerzual, eine der vier Eingangspfor-
ten, betritt man wie seit Jahrhunderten die Stadt. Biegen Sie links in
die alte Hauptstraße **Rue de la Pois-
sonnerie** und **Rue de l'Horloge** mit
ihren alten Häusern ein. Hinter dem
Touristenbüro, das in einem der
schönsten Fachwerkhäuser eingerichtet ist, geht es auf die **Place
St-Sauveur** mit der gleichnamigen
Kirche. An Stelle des Friedhofs wurde im letzten Jahrhundert der **Jardin
Anglais** angelegt. Von hier und der
rechts angrenzenden **Promenade de
la Duchesse Anne** bietet sich ein
weiter Blick in das Tal der Rance.
Die **Rue du Général de Gaulle** führt
zum Château, dem mittelalterlichen
Wehrturm. Auf der Promenade des
Petits Fosses, dem Treff der Boule-
Spieler, geht es ein ganzes Stück an
der Stadtmauer (13.–16. Jh.) entlang.
Von der Place Duclos Pinot führt die
»Grande-Rue« an der Kirche **St-Malo**
vorbei zur **Place des Cordeliers** im
Zentrum. Sie zeichnet sich durch
ihre Arkadenhäuser aus, deren Balken sich unter der Last der Jahrhunderte biegen. Die Cafés bieten sich
für eine Verschnaufpause an. Wer
keine Besichtigung oder Einkäufe
unternimmt, braucht für den Stadt-
bummel etwa 1 bis 1¹/₂ Stunden.

Sehenswertes

Basilique St-Sauveur ■ b 2/c 2
Sie fällt durch ihren unsymmetri-
schen Grundriß auf. In der Romanik
(12. Jh.) begonnen, wurde im Stil
der Gotik ein Seitenschiff (15. Jh.)
angebaut. In einem der 15 Seitenka-
pellen ist das Herz des bretonischen
Helden Bertrand du Guesclin auf-
bewahrt.
Pl. St-Sauveur

Eglise St-Malo ■ a 2
1490 in ausgeprägter Flamboyant-
Gotik begonnen, wurde die Kirche

erst im letzten Jahrhundert vollen-
det. Eines der Glasfenster zeigt die
Herzogin Anne de Bretagne samt
Gefolge. Sehenswert ist die eng-
lische Orgel von 1889.
Grande-Rue

Tour de l'Horloge ▪ b 2

Vom 60 m hohen Uhrturm bietet
sich eine herrliche Aussicht über die
Stadt. Der Glockenturm (Ende 15. Jh.)
gehörte bis zur Revolution zum Rat-
haus. Die Uhr eines deutschen
Handwerkers ist das Geschenk der
Herzogin Anne de Bretagne.
Rue de l'Horloge, schräg gegenüber
dem Touristenbüro
Tgl. 10–12 und 14–18 Uhr

🏛 Museum

Château-Musée ▪ b 3

Der 34 m hohe Wehrturm (Donjon
14. Jh.) ist Teil der Stadtbefestigung. Auf mehreren Etagen wird
die Stadtgeschichte präsentiert,
u.a. Kunsthandwerk, bretonische
Möbel und die verschiedenen Hauben der Frauentracht (Coiffes).
Rundblick.
Donjon de la Duchesse Anne
Zur Saison tgl. 10–18.30 Uhr,
sonst kürzer

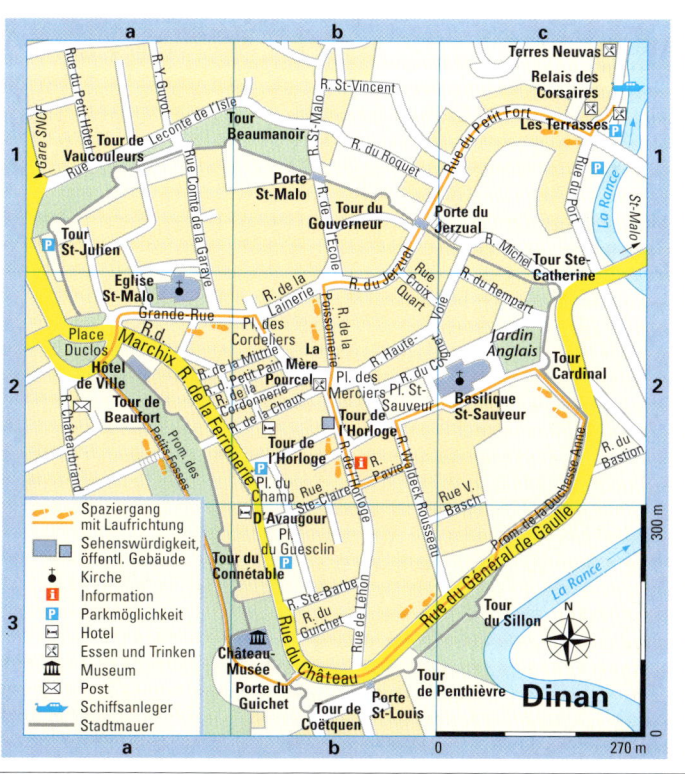

Legende:
- 🔶 Spaziergang mit Laufrichtung
- 🟦 Sehenswürdigkeit, öffentl. Gebäude
- ✚ Kirche
- ℹ️ Information
- 🅿️ Parkmöglichkeit
- 🛏 Hotel
- 🔲 Essen und Trinken
- 🏛 Museum
- ✉️ Post
- 🚢 Schiffsanleger
- Stadtmauer

Dinan

SEHENSWERTE ORTE UND AUSFLUGSZIELE

Essen und Trinken

La Mère Pourcel ■ b 2
Die beste Adresse in der Altstadt,
sowohl wegen des Ambientes im
mittelalterlichen Fachwerkhaus als
auch wegen der Küche.
3, pl. des Merciers
Tel. 02 96 39 03 80
Mittlere Preisklasse

Relais des Corsaires ■ c 1
Urgemütliches Restaurant in einem
Fachwerkhaus aus dem 15. Jh.
Le Port
Tel. 02 96 39 40 17
Mittlere Preisklasse

Les Terrasses ■ c 1
Besticht durch seine Terrasse direkt
neben dem Fluß.
Le Port
Tel. 02 96 39 09 60
Mittlere/Obere Preisklasse

Service ■

Office de Tourisme ■ b 2
6, rue de l'Horloge
22100 Dinan
Tel. 02 96 39 75 40, Fax 02 96 39 01 64

Ziele in der Umgebung

Benediktinerabtei Saint-Magloire ■ l 2

2 km südlich von Dinan in dem Ort
Léhon wurde die Abteikirche aus
dem 15. Jh. wieder restauriert. Viele
bedeutende Personen sind hier bei-
gesetzt. Das einstige Kloster Saint-
Magloire mit dem Kreuzgang liegt in
Ruinen.

Bootsfahrt auf der Rance ■ l 2

Wie im Mittelalter können Sie die
Rance mit einem Schiff bis Dinan
hinauffahren. Die schöne Fahrt ab
dem Gezeitenkraftwerk dauert
zweieinhalb Stunden. Die Abfahrten
sind vom Stand der Gezeiten abhängig, die Rückfahrt erfolgt per Bus.

Château de Bourbansais mit Tierpark ■ l 2

→ MERIAN-Tip, S. 25

MERIAN-TIP

Restaurant Terres Neuvas Essen Sie gerne Fisch? Dann
sollten Sie in das kleine Restaurant am Flußhafen hinein-
schauen. Auf der Speisekarte finden Sie so ausgefallene
Gerichte wie »Brandard«, ein Rezept, das Mme. Pauwels in
alten Büchern der Neufundland-Fischer entdeckt hat. Hier
wird Stockfisch ganz köstlich zu Fischpüree verarbeitet.
Wie wäre es als Vorspeise mit »Kabeljaukrapfen« oder »Stin-
te«, fingerlange fritierte Fische, die auf der Zunge zergehen. Übrigens: Die Damen tragen eine typische Tracht aus
Dinan. 25, rue du Quai, Dinan, Tel. 02 96 39 86 45, Mittlere
Preisklasse ■ c 1

Paimpol ■ F 1

8000 Einwohner

Bekannt wurde Paimpol durch Pierre Lotis Roman »Die Island-fischer«. 1886 beschrieb er das harte Leben der Männer, die unter Einsatz ihres Lebens im Nord-meer den Kabeljauschwärmen folgten. »Die alten Dächer er-zählen vom jahrhundertelangen Kampf gegen den Westwind ... gegen alles, was das Meer her-ausschleudert ...«, schrieb der Dichter im letzten Jahrhundert.

Bis heute haben die engen Gassen der Altstadt, die Fach-werkhäuser und der Fischer-hafen etwas von dem Flair ver-gangener Tage bewahrt. Pierre Loti hat zeitweilig in der Rue de l'Eglise Nr. 5, seitlich der Place du Martray, gewohnt, und dies war die Bühne seiner Romanhel-din Gand Mével. Hier haben die Islandfischer von ihren abenteu-erlichen Erlebnissen auf hoher See erzählt. Hier brachten sie ihre Zeche durch und rüsteten sich Anfang des Jahres wieder für neue Fahrten aus. Längst sind die Fischer auf den Fang der Krustentiere und die Mu-schelzucht umgestiegen. Nur noch die Touristen wandeln auf den Spuren der Islandfischer im Hafen, in der verwinkelten Alt-stadt oder auf dem nahe gelege-nen Friedhof.

Julien Viaud, der sich erst nach seinem Aufenthalt in Paim-pol den Künstlernamen Pierre Loti zulegte, wurde 1850 in Rochefort (Atlantikküste) gebo-ren. In dem Roman verbindet er seine eigenen Erfahrungen als Seefahrer und seinen Liebes-schmerz mit den dramatischen Schilderungen der Islandfischer. Bei der einheimischen Bevölke-rung hat er sich durch die etwas verzerrte Schilderung der Breto-nen nicht gerade viele Freunde geschaffen.

Paimpol ist für einen reinen Badeaufenthalt weniger geeig-net als die Seebäder im Süden. Von hier aus lassen sich aller-dings die unterschiedlichsten Ausflugsziele ansteuern. Mit dem Archipel im Norden um die Ile de Bréhat beginnt bereits die idyllische Felsenlandschaft der Côte de Granit Rose.

An der »Mur des Disparus en Mer« ist das Schicksal zahlreicher See-leute verewigt.

SEHENSWERTE ORTE UND AUSFLUGSZIELE

Hotels

Château de Coatguélen
Die Zimmer des Manoirs aus dem 19. Jh. wurden zum Hotel umgewandelt, im großzügigen Schloßgarten ein Golfplatz eingerichtet. Für Erfrischungen sorgt der Swimmingpool und die Bar.
10 km südlich an der D 7
22290 Lanvollon
Tel. 02 96 55 33 40
Obere Preisklasse

Eurotel
Modernes Stadthotel, sowohl von außen als auch von der Zimmerausstattung her.
Rt. de Lanvollon
Tel. 02 96 20 81 85, Fax 02 96 20 81 85
30 Zimmer
Mittlere Preisklasse

Repaire de Kerroc'h
Im ehemaligen Haus eines Reeders eingerichtet, gleich am Hafen. Ordentliche Zimmer.
29, quai Morand
Tel. 02 96 20 50 13, Fax 02 96 22 07 46
13 Zimmer, 2 Appartements
Mittlere Preisklasse

Sehenswertes

Abbaye de Beauport
Die Klosteranlage aus dem 12. Jh. liegt teilweise in Ruinen, das Kirchenschiff ist ohne Dach, die Maßwerkfenster werden von Blumen umrankt ein bizarres Ambiente. Gegründet wurde die Abtei vom einflußreichen Prämonstratenser-Orden. Zur Französischen Revolution war sie Munitionsfabrik, seit 1845 Privatbesitz.
Rue de Beauport (D 786), 2 km außerhalb Richtung Plouha
Tgl. außer Di 10–12 und 14–17 Uhr

Mad Atao
Einer der wenigen noch erhaltenen Islandschoner (Baujahr 1932) liegt im Hafenbecken ganz vorne. Nach dem Krieg wurde statt Dorsch Sand in die Luken geladen.
Besichtigung gratis

Mur des Disparus en Mer
27 hommes, 17 hommes, 7 hommes … tragische Schicksale stehen hinter den Zahlen an der Klagemauer auf dem Friedhof im Nachbarort Ploubazlanec (2 km auf der D 789).

MERIAN-TIP

Bootsfahrt um die Ile de Bréhat »Eine unvergeßliche Fahrt durch eine der schönsten Inselwelten Europas«, so die Prospektwerbung, und sie verspricht nicht zu viel. Spielt das Wetter mit, dann schimmern die Felsen von Rot bis Ocker in allen Pastellfarben, aus dem Grün der Küste schauen fotogene Villen hervor, dazu der Kontrast des Meeres. Wollen Sie nicht nur den Hafenort Port-Clos sehen, sondern auch den Norden der kleinen Insel (3,5 x 1,5 km) bis zum Leuchtturm Phare du Paon, kann ein Mietfahrrad ab dem Hafen nützlich sein. An- und Abfahrt Pointe de l'Arcouest, 6 km von Paimpol ■ F 1

Ganze Bootsbesatzungen hatte das Meer bei dem gefährlichen Fischfang um Island zwischen 1850 und 1935 gefordert.

Museum 🏛

Musée de la Mer
Ein Heimatkundemuseum, das u.a. den Islandfischern, Pierre Loti und dem Musiker Théodor Botrel gewidmet ist.
Rue Labenne
April–Sept. 10.30–13 und 15.30–19 Uhr

Essen und Trinken 🍴

Le Dundée
Auf der Speisekarte stehen Crêpes in allen Varianten, darunter einige bretonische Spezialitäten.
9, rue du Quai
Tel. 02 96 55 06 76
Untere Preisklasse

L'Ostrá
Spezialität sind die Früchte des Meeres und ganz besonders der Bretonische Hummer – als Spieß oder gegrillt ohne Zweifel eine Delikatesse. Reservierung ratsam.
Route de l'Arcoust
Tel. 02 96 20 74 31
Mittlere Preisklasse

La Vieille Tour
Das renommierteste Haus, rustikaler Rahmen.
15, rue de l'Eglise
Tel. 02 96 20 83 18
Obere Preisklasse

Einkaufen 📄

Maison de la Presse
Hier erhältlich: »Pêcheur d'Islande« von Pierre Loti in preiswerter Taschenbuchausgabe.
Place de la République

Service ℹ

Office du Tourisme
Pl. de la République
22500 Paimpol
Tel. 02 96 20 83 16, Fax 02 96 55 11 12

Ziele in der Umgebung

Château de la Roche Jagu ◼ F 1

Das Schloß aus dem 15. Jh. liegt wunderschön in einem Park an einer Flußbiegung der Trieux. Zufahrt entweder im eigenen Fahrzeug Richtung Tréguier, nach der Brücke 8 km über die D 787. Wesentlich reizvoller als Bootsausflug ab Pointe de l'Arcouest, 6 km von Paimpol flußaufwärts.
Mitte Juni–Mitte Sept., Abfahrten abhängig von den Gezeiten

Kermaria und Tempel Lanleff ◼ F 1

Einzigartig in dieser Region sind die zahlreichen Totentanzfresken (15. Jh.) in der kleinen Kirche Kermaria: Vom einfachen Bürger bis zum hohen Würdenträger ist jeder einmal dran – und zur Zeit der Pest kam der Tod sehr schnell. Bemalte Apostelfiguren in der Vorhalle.

Im Weiler **Lanleff** stehen die Ruinen einer kleinen romanischen Rundkirche aus dem 11. Jh., deren Bauweise in der Bretagne einmalig ist. Die Bezeichnung Tempel rührt von der anfänglichen Vermutung, daß es sich um eine gallische Kultstätte handele. Beide Sehenswürdigkeiten liegen wenige Kilometer abseits der D 7 Richtung Lanvollon (ausgeschildert).

Loguivy ◼ F 1

500 Einwohner

Auf dem Küstenwanderweg GR 34 entlang der Halbinsel (insgesamt ca. 20 km) bzw. 5 km über die Stichstraße D 15 erreichen Sie diesen authentischen Fischerhafen, in dem sich die Reusen meterhoch stapeln. Von den Fischkuttern wird der frische Fang, das heißt Krustentiere und Muscheln, gleich in Kühlwagen verladen. In dem Restaurant am Kai können Sie Krebse, Hummer, Seespinnen und andere Köstlichkeiten des Meeres probieren.

Saint-Quay-Portrieux ◼ G 1

3000 Einwohner

Der kleine Badeort liegt an der »Baie de Saint-Brieuc«. Auf der einen Seite erstrecken sich die begehrten Sandbuchten, auf der anderen liegt der alte Hafenort. Als das Baden im letzten Jahrhundert in Mode kam, entstanden nahe der Strände die ersten Hotels. Das Übernachtungsangebot reicht heute bis zum Komfort eines Drei-Sterne-Hotels, und wie in jedem Seebad fehlt auch das Casino nicht. Zu dem großen Sportangebot gehört auch ein Golfplatz und Bootsvermietung.

Tréguier ◼ F 1

2800 Einwohner

Das mittelalterliche Kathedralstädtchen (15 km von Paimpol) liegt auf einem Hügel am Zusammenfluß des Guindy und Jaudy. Von der alten Hafenpforte am Kai mit seinen beiden Ecktürmen steigt die Rue Renan bis zur Place du Martray an, die von einigen Fachwerkhäusern des 16./17. Jh. gesäumt wird. Hauptanziehungspunkt ist die Kathedrale, in der die Reliquien des hl. Yves,

Schutzpatron der Richter, verehrt werden. Zum großen Pardon am 19. Mai kommen die Gläubigen aus ganz Europa. Über 2 km Länge führt die Prozession bis nach Minihy, dem Geburtsort des Heiligen Yves Hélourys. Der Kreuzgang mit Arkaden gehört zu den schönsten Beispielen filigraner Flamboyantgotik in der Bretagne.

Im Geburtshaus des Schriftstellers Ernest Renan (1823–1892), einem sehr gut erhaltenen Fachwerkgebäude, ist ein kleines Museum eingerichtet. Als Religionskritiker war der bekannteste Sohn der Stadt nicht bei allen Mitbürgern beliebt. Er stand zu seiner keltischen Abstammung und verfaßte seine Texte auf bretonisch.

Wer nicht schon an der Côte de Granit Rose die rotschimmernde Felsküste bewundern konnte, sollte ab Tréguier den Schlenker an die Mündungsbucht der Jaudy zur **Pointe du Château** einplanen (ca. 20 km, ab Plougrescant als »Circuit de la Côte des Ajoncs« ausgeschildert). Als Höhepunkt dann direkt am Meer das Postkartenmotiv »la maison entre les roches«.

Hotel	

Manoir de Kergrec'h
Sind Sie bereit, 550 FF und mehr für eine Übernachtung – zu zweit natürlich – auszugeben, dann können Sie sich hier wie ein Schloßbesitzer fühlen. Das efeu- und rosenumrankte Manoir aus dem 17. Jh. liegt traumhaft ruhig in einer Grünanlage. Die authentisch eingerichteten Räume mit Himmelbett und antikem Mobiliar versetzen Sie in eine andere Welt – bis auf das Bad, das entspricht modernstem Standard.
22820 Plougrescant
Tel. 02 96 92 56 06, Fax 02 96 92 51 27
5 Zimmer
Obere Preisklasse

Saint-Cast-le-Guildo ■ H 1
3100 Einwohner

Das kleine Küstenstädchen besticht durch seine ausgezeichneten Bademöglichkeiten. Die kilometerlange Sandbucht »Grande Plage« gleich im Ort wird ohne Übertreibung als eine der schönsten im Norden der Bretagne bezeichnet. Verteilen sich in der Vorsaison die unerschrockenen Badeurlauber wie kleine Pünktchen auf der riesigen Sandfläche, kann es im August auch hier etwas enger werden.

Saint-Cast besteht aus drei unterschiedlichen Ortsteilen. Das ursprüngliche Fischerdorf »Le Bourg« erstreckt sich oberhalb des Strandes auf dem Felsensporn. In »L'Isle«, dem dazugehörigen Hafen, legen heute noch die Boote an – meist Segelschiffe der Freizeitkapitäne. Die verwinkelten Gassen ziehen sich den Hang hinauf. Der Ortsteil »La Garde« mit Casino, Hotels und Strandpromenade entstand erst mit aufkommendem Badetourismus Anfang dieses Jahrhunderts. Nach der Eingemeindung des malerisch gelegenen Hafenortes Le Guildo zählt das Seebad heute über 3000 Einwohner. Dazu kommen im Sommer Zehntausende von Badegästen.

In der Burg oberhalb der Arguenon-Mündung (heute Ruine) lebte im 15. Jahrhundert Prinz Gilles de Bretagne. Er fiel einem Attentat seines eifersüchtigen Bruders Franz, Herzog der Bretagne, zum Opfer. Von Saint-Cast-le-Guildo ist es zum Cap Fréhel, dem landschaftlichen Höhepunkt der Nordküste, nur ein Katzensprung – sehr schön auch als Bootsfahrt, vorbei am Fort la Latte.

Die sieben Sandstrände von Saint-Cast-le-Guildo gehören zu den schönsten der Bretagne.

SEHENSWERTE ORTE UND AUSFLUGSZIELE

Hotels/andere Unterkünfte

Les Arcades
Drei-Sterne-Hotel, modern ausgestattete Zimmer.
15, bd. Duc d'Aiguillon
Tel. 02 96 41 80 50, Fax 02 96 41 77 34
32 Zimmer
Mittlere Preisklasse

Des Dunes
Ein gutgeführtes Haus, das trotz des Namens in zweiter Reihe hinter dem Strand liegt. Von Gourmet-Führern mehrfach ausgezeichnetes Hotel-Restaurant, konventionell eingerichtet.
Rue Primauguet
Tel. 02 96 41 80 31, Fax 02 96 41 85 34
27 Zimmer
Mittlere Preisklasse

De Paris
Kein großer Luxus in den Zimmern, doch dafür ist es nur ein Katzensprung zum Meer.
Bd. Duponchel
Tel. 02 96 41 80 89
12 Zimmer
Untere Preisklasse

Camping Le Château
Komfortabler Vier-Sterne-Platz auf dem Gelände eines Château, z.T. schattige Stellplätze. Ein Swimmingpool ersetzt das Meer, Tenniscourts. 8 km Richtung Le Guildo, nahe der D 786
Tel. 02 96 41 10 56, Fax 02 96 41 03 72
272 Stellplätze

Camping Municipal de la Mare
Am Ortsrand von L'Isle, in Terrassen zum Meer angelegt. Blick bis zum Fort la Latte. Nur 100 m zum Badestrand Plage Fremaye.
Rue de la Mare
Tel. 02 96 41 89 19, Fax 02 96 41 98 08
147 Stellplätze
Geöffnet Mai–Sept.

Essen und Trinken

Les Arcades
Von der Pizza bis zum Vier-Gänge-Menü für jeden Geldbeutel etwas. Tische auch in der Fußgängerzone.
Bd. Duc D'Aiguillon
Tel. 96 41 80 50
Untere bis Obere Preisklasse

Le Chrisflo
Vom hellen Speiseraum Blick auf das Meer. Vorzügliche Fischgerichte, **fruits de mer** und Hummer aus der Region.
19, rue du Port
Tel. 02 96 41 88 08
Mittlere bis Obere Preisklasse

Service

Office de Tourisme
Pl. Charles de Gaulle, B.P. 9
22380 Saint-Cast-le-Guildo
Tel. 02 96 41 81 52, Fax 02 96 41 76 19

Ziele in der Umgebung

Cap Fréhel und Fort la Latte ■ H 1

22 km von Saint-Cast-le-Guildo entfernt, fällt das »Nordkap« der Bretagne 70 m steil ins Meer ab. Das **Cap Fréhel** zeigt sich im Mai und Juni von seiner farbenprächtigsten Seite: Die Heidefläche ist durchzogen von gelb leuchtendem Stechginster, im Kontrast dazu die rotbraun-grau schillernden Felsen und das schäumende Meer. An den unzugänglichen Klippen des Naturschutzgebietes nisten Tausende von Seevögeln. Über den empfehlenswerten Küstenpfad erreicht man zu Fuß in etwa 1 bis 1^1/$_2$ Stunden das **Fort la Latte** (6 km über die Zufahrtsstraße). Wegen seiner abenteuerlichen Lage auf einem Fels-

zacken über dem Meer mußte die Festung, die bis auf das letzte Jahrtausend zurückreicht, schon als Filmkulisse herhalten.
Juni–Sept. tgl. 10.30–12.30 und 14.30–18.30,
Juli–Aug. 10.30–18.30 Uhr

Erquy ■ H 2
3000 Einwohner

Der Badeort besticht durch seine langen feinsandigen Strände. Auf der Landnase verstecken sich ruhigere Badeplätze zwischen Felsen, die Sie teilweise nur zu Fuß erreichen können. In dem Fischerhafen am Rande der Bucht werden hauptsächlich die delikaten Jakobsmuscheln an Land gebracht. Neben schönen Küstenspaziergängen lohnt sich ein Besuch des **Château de Bienassis** aus dem 15./17. Jh. Einige Räume des Wasserschlosses sind zu besichtigen.

Service ℹ

Office de Tourisme
Bd. de la Mer
22430 Erquy
Tel. 02 96 72 30 12, Fax 02 96 72 02 88

Guingamp ■ F 2
7900 Einwohner

Prächtige Fachwerkhäuser kennzeichnen den alten Kern von Guingamp, der sich oberhalb des Flüßchens Trieux erhebt. Eine Rarität bilden die Renaissanceelemente an der Kirche **Ste-Marie de Bon Secours** (Ursprünge 14. Jh.). Jeweils am ersten Sonntag im Juli findet ein Pardon zu Ehren der Schwarzen Madonna statt. Sehenswert ist auch der Renaissancebrunnen mit seinen allegorischen Menschen- und Tierfiguren und das Rathaus aus dem 17. Jh. an der Place de Verdun.

Lamballe ■ G 2
3600 Einwohner

16 km im Inland liegt die Stadt Lamballe, die für ihre Kathedrale und die Pferdezucht bekannt ist. Das Touristenbüro ist im ehemaligen Haus des Henkers (**Hôtel du Pilori**) eingerichtet. Hier finden Sie auch das Volkskundemuseum und das Musée Mathurin-Méheut, das dem bretonischen Maler gewidmet ist.

Saint-Brieuc ■ G 2
83 000 Einwohner

Die alte Bischofsstadt wurde bereits im 6. Jh. vom Mönch Brioc gegründet, woraus sich der Name ableitet. Nicht weit vom Bahnhof entfernt befindet sich die Altstadt mit der sehenswerten Kathedrale **St-Etienne** (Ursprünge aus dem 13. Jh.) Trotz zahlreicher Um- und Anbauten ist der wehrhafte Charakter des Gotteshauses noch zu erkennen.

Service ℹ

Office de Tourisme
7, rue St-Gouéno
22000 Saint-Brieuc
Tel. 02 96 33 32 50, Fax 02 96 61 42 16
Internet: www.Cybercom.fr/st brieuc

Le Val-André ■ G 2
4000 Einwohner

Segeljollen, Surfer und Tausende von Badegästen beherrschen im Sommer den attraktiven Sandstrand. Auf das Zehnfache schwillt der kleine Badeort dann an. Felsenkaps begrenzen den 2 km langen Hauptstrand zu beiden Seiten, von denen sich schöne Perspektiven auf das lebhafte Badeörtchen bieten. Eine besondere Attraktion ist der Vogelfelsen im Norden, dicht vor der Küste.

Saint-Malo ■ I 1

48 000 Einwohner
Stadtplan → Umschlag Rückseite

Das »Korsarennest« im Stil des 18. Jahrhunderts ist eine Rekonstruktion der Ende des Zweiten Weltkriegs fast vollständig zerstörten **Ville close**. In der Hauptsaison gehört dieser Stadtteil Saint-Malos ausschließlich den Fußgängern; Cafés und Restaurants haben dann ihre Tische auf die Gassen gestellt, bis spät in die Nacht ertönen die Klänge der Straßenmusikanten, Portraitisten haben Hochkonjunktur.

Saint-Malo ist der Geburtsort weltberühmter Franzosen, oder besser gesagt »Malouins«, wie sich die Einwohner voller Stolz bezeichnen: Jacques Cartier (1491–1557) hat mit seiner Entdeckung Kanadas Geschichte geschrieben. »Gesponsert« wurde seine Fahrt vom französischen König, der sich Gold und Diamanten erhoffte. Ebenfalls im Auftrag des Königs, doch mit ganz anderer Mission, war Robert Surcouf (1773–1827) auf den Weltmeeren unterwegs. Mit Kaperbriefen ausgestattet, gehörte er zu den gefürchtetsten Seeräubern seiner Zeit. Dort, wo seine Schiffe aufkreuzten, gab es für Handelsschiffe nur noch eins: die Flucht. Etwa zur gleichen Zeit lebte François René de Châteaubriand (1768–1848). Der gebürtige Malouin war nicht nur ein großer Politiker, sondern auch ein bedeutender Dichter, der mit seinen Werken in Frankreich die Romantik entscheidend beeinflußte. Übrigens hat Châteaubriand eine ganze Menge mit dem Châteaubriand auf den Speisekarten zu tun – es war sein Leibgericht, eine Erfindung seines Kochs.

Der Urlauber findet in Saint-Malo genau das, was er für einen längeren Aufenthalt wünscht: gute Badestrände, ein attraktives Städtchen und Ausflugsziele in alle Himmelsrichtungen bis zu den englischen Kanalinseln.

*Der legendäre
Freibeuter
Robert Surcouf – der
»Schrecken
der Engländer«.*

Hotels/andere Unterkünfte

Les Courlis nordöstlich ■ c 1
Der Familienbetrieb strahlt eine
Atmosphäre zum Wohlfühlen aus.
9, rue des Bains
Tel. 02 99 56 00 15
11 Zimmer
Untere Preisklasse

France & Châteaubriand ■ c 1
Großes Hotel im Kern der ehema-
ligen Korsarenstadt. Der große
Romantiker ist nebenan geboren.
Pl. Châteaubriand
Tel. 02 99 56 66 52, Fax 02 99 40 10 04
41 Zimmer
Mittlere Preisklasse

Grand Hôtel des Thermes
nordöstlich ■ c 1
Vier-Sterne-Hotel nahe der Plage de
Rochebonne, Thalassotherapie.
100, bd. Hébert
Tel. 02 99 40 75 75, Fax 02 99 40 76 00
189 Zimmer
Obere Preisklasse

La Porte Saint-Pierre ■ a 3
Familiäres Hotel neben den Stadtmauern. Teilweise Meerblick.
2, Pl. du Guet
Tel. 02 99 40 91 27, Fax 02 99 56 06 94
25 Zimmer
Mittlere Preisklasse

Camping La Cité d'Aleth
südlich ■ c 4
Auf einer Landzunge mit Blick zur
Korsarenstadt und Dinard.
Ortsteil St-Servan
Tel. 02 99 81 60 91
Ganzjährig geöffnet

Camping Municipal Le Nicet
nordöstlich ■ c 1
In Rothéneuf oberhalb der Küste.
Av. de la Varde
Tel. 02 99 40 26 32, 160 Stellplätze
April–Mitte Sept.

Spaziergang

In der **Ville close** (intra muros) einen
konkreten Rundgang vorzuschrei-
ben wäre verfehlt. Hier müssen Sie
sich treiben lassen, auf den 2 km langen Stadtmauern spazieren gehen
(mehrere Zugänge), um den weiten
Blick über das Meer, das die Innenstadt von drei Seiten umspült, zu
genießen, durch die Gassen schlendern und im Café verweilen. Bei Ebbe
gelangen Sie auf die vorgelagerten
Inselchen. Doch Vorsicht: Werden
die Gezeiten nicht genau beachtet,
dürfen Sie einige Stunden auf den
umspülten Inseln warten, bis der
Rückweg wieder frei wird.

Sehenswertes

Cathédrale St-Vincent ■ b 2
Der originalgetreue Nachbau der
1944 zerstörten Kirche ist die letzte
Ruhestätte berühmter Malouins,
darunter auch Jacques Cartiers.

Château de la Duchesse Anne ■ c 1
Den Eingang der Innenstadt (intra
muros) bewacht die Festungsanlage, die nach und nach ihre vier Türme erhielt (Beginn 15. Jh.). Weil die
Einwohner mit ihren Herrschern
nicht immer einig waren, errichtete
die Herzogin Anne de Bretagne den
Turm »Quic-en-Groigne« gegen
Angriffe aus der Stadt. Heute sind
im Château das Rathaus und
Museen untergebracht.

Fort National nördlich ■ c 1
Das Fort wurde 1689 von dem Festungsbaumeister Vauban als Teil
der Stadtbefestigung entworfen. Im
Zweiten Weltkrieg hielten deutsche
Besatzer hier mehrere hundert Bewohner als Geisel fest. Halbstündi-
ge Führungen.
Vor der Grande Plage, nur bei Ebbe
zugänglich

Rochers Sculptés   nordöstlich ■ c 1
Kurios und einzigartig sind die rund
300 Basreliefs, die ein Mönch in
jahrelanger Arbeit aus dem Felsen
gearbeitet hat.
Rue Abbé Fourré, Rothéneuf
Tgl. 9–20 Uhr

Museen   🏛

Grand Aquarium de Saint-Malo
südöstlich ■ c 4
»Das Meer als Abenteuer«, so lau-
ten die Verheißungen der Broschü-
ren, die keineswegs übertrieben
sind. Das einzigartige Rundaqua-
rium bringt Eindrücke, die einmalig
sind. Wie im Kino mit einem Blick-
winkel von 360 Grad sehen Sie Haie
und eigenartige Tiefseefische aus
nächster Nähe.
Rue du Général Patton
Juli–Aug. tgl. 9–21,
Sept.–Juni 9.30–19 Uhr

**Musée International du Longcours
et des Cap-Horniers**   südlich ■ c 4
Im »Tour Solidor« (von 1382), Verteidigungsturm im Ortsteil St-Servan,
dreht sich alles um die Kap-Hoorn-
Fahrer, ihre Boote, ihre Ausrüstung

– eine einmalige Kollektion. Von der
obersten Etage des einstigen Vertei-
digungsturms haben Sie einen weiten Blick über die Rance.
Rue d'Aleth
In der Saison tgl. außer Di 10–12
und 14–18 Uhr

Musée de la Poupée   ■ b 3
Hier werden Kindheitserinnerungen
wach. Über 500 Puppen.
13, rue de Toulouse
Juli–Mitte Sept. tgl. 10–13 und
14–19 Uhr

Musée de Saint-Malo   ■ c 1
Das Stadtmuseum ist im einstigen
Wehrturm eingerichtet. In mehreren
Sälen wird die Geschichte der
Korsarenstadt gezeigt.
Pl. Châteaubriand
Tgl. 10–12 und 14–18 Uhr, außer-
halb der Saison Di geschl.

Quic-en-Groigne   ■ c 1
Im Wachsfigurenmuseum treffen Sie
die berühmten Söhne der Stadt.
Im kleinen Donjon des Château.
Pl. Châteaubriand
In der Saison tgl. 9.30–12 und
14–18 Uhr

MERIAN - TIP

Ein Panoramaweg von 1,5 km führt ab dem Yachthafen um
die Cité d'Aleth im Ortsteil St-Servan herum. Von hier aus
ergibt sich eine einmalige Perspektive auf St-Malo. Die
Sicht reicht weit in das Tal der Rance und bis Dinard auf
dem anderen Ufer. Von den Parkbänken kann man in Ruhe
den regen Schiffsverkehr beobachten.   südlich ■ c 4

Essen und Trinken ⊠

Cap Horn　nordöstlich ■ c 1
Was könnte es bei dem Namen an-
deres geben als Meerestiere.
100, bd. Hébert
Tel. 02 99 40 75 40
Obere Preisklasse

Le Chalut　■ b 2
Ausgezeichnetes Fischrestaurant
und angenehmes Ambiente.
8, rue de la Corne de Cerf
(intra muros)
Tel. 02 99 56 71 58
So abends und Mo geschl.
Obere Preisklasse

A la Duchesse Anne　■ c 2
Der Salon in den Stadtmauern ist im
Stil der zwanziger Jahre eingerich-
tet. Schmackhaft zubereitete Fische,
Spezialität: Hummer.
5, pl. Guy-la-Chambre (intra muros)
Tel. 02 99 40 85 33
Mi geschl.
Luxusklasse

Le Franklin　nordöstlich ■ c 1
Der Blick zum Fort National und die
raffinierte Küche überzeugen.

4, chaussée du Sillon
Tel. 02 99 40 50 93
Obere Preisklasse

Le Saint-Placide　südöstlich ■ c 4
Eine vorzügliche Küche erwartet Sie
bei Didier Lampérière. Wie wäre
es mit Jacobsmuschel-Salat oder
Galettes mit Muscheln?
6, pl. du Poncel
Tel. 02 99 81 70 73
Mittlere Preisklasse

Timothy　■ b 3
Für jeden Geldbeutel etwas: Salon
de Thé, gute Crêperie, Fleisch und
Fisch im Restaurant.
7, rue de la Vieille-Boucherie
(intra muros)
Tel. 02 99 40 35 36
Mo geschl.
Untere/Mittlere Preisklasse

*An Sommerabenden werden die
Straßen der »ville close« zu
Restaurantterrassen.*

SEHENSWERTE ORTE UND AUSFLUGSZIELE

Einkaufen

Sehr schöne Andenken sind Fayencen aus der Region, die in der Fayencerie Malouine, 6, rue Porcon-de-la-Barbinais, angeboten werden. Der Freund maritimer Sammelstücke kommt in den Antiquitätengeschäften in der Rue de la Blaterie besonders auf seine Kosten. Handgearbeitet sind die Kunstwerke des Glasbläsers in der Rue des Lauriers.

Am Abend

Um Mitternacht gehen in Saint-Malo noch lange nicht alle Lichter aus. Im Spielcasino haben die Bars bis zum Morgengrauen geöffnet, im Restaurant bekommen Nachtschwärmer bis um 5 Uhr früh noch etwas serviert. In der Pianobar Cutty Sark, 20, rue de la Herse (intra muros), können Sie sich bei einem Drink der Live-Musik hingeben. Guinness und Irish Coffee wird bis um 3 Uhr in der Irish Bar O'Flahertys, 18, rue des Cordiers (intra muros), angeboten.

Service

Office de Tourisme östlich ■ c 1
Esplanade Saint-Vincent (Pavillon)
35400 St-Malo
Tel. 02 99 56 64 48, Fax 02 99 40 93 13

Stadtführungen
Zur Hauptsaison mehrmals täglich. In Ausflugsbooten oder Bussen werden Tagesfahrten bis zum Cap Fréhel auf der einen Seite der Smaragdküste oder Cancale auf der anderen angeboten; zudem Touren ins Hinterland nach Dinan, Combourg und Fougères.
Auskunft erteilt das Touristenbüro

Ziele in der Umgebung

Cancale I 1
4900 Einwohner

Am Kai der Austernstadt werden die Delikatessen ganz frisch verkauft. Bei einer »dégustation« entscheidet sich, wer ein Gourmet ist. Mit einem Handgriff wird die Kostprobe vor den Augen geöffnet und mit Zitrone gereicht. Aus Cancale kommen die »huîtres plates«, eine Sorte, die unter Kennern besonders geschätzt ist und in alle Welt exportiert wird. In den Restaurants am Kai sind Meeresfrüchte Trumpf: hoch aufgetürmte Silberplatten mit Seespinnen, Crevetten, Muscheln und anderen Köstlichkeiten. Mit der Ebbe bietet sich ein besonderes Schauspiel, wenn dann die riesige Bucht »leerläuft« und die Boote auf den Sand sinken. In einem Tag kann man den schönsten Abschnitt der **Smaragdküste von Saint-Malo-Rothéneuf** bis nach Cancale entlanglaufen. Es ist ein Teil des GR 34, der rot-weiß markierten Wanderroute rund um die Bretagne. Der ausgetretene Pfad führt dicht an der Küste entlang, über Felsklippen, um Buchten herum, jede Biegung eröffnet neue Ausblicke. Als Höhepunkt erreicht man kurz vor Cancale die Klippe **Pointe du Grouin**. Mit rund 25 km ist es eine anspruchsvolle Tagestour, die im Mai/Juni, wenn der Ginster blüht, besonders zu empfehlen ist. Durch die nahe Küstenstraße lassen sich auch Teilstrecken wandern, wobei der landschaftlich schönste Bereich auf der zweiten Hälfte liegt. Der Rücktransport oder Zubringer erfolgt per Linienbus.

TOPTEN 4

Dinard

I 1/I 2

9900 Einwohner

Bis heute steht das älteste Seebad der Bretagne bei den Engländern hoch im Kurs. Bereits Mitte des letzten Jahrhunderts entdeckten wohlhabende Briten das idyllische Fleckchen mit seinem angenehmen Klima und den feinen Sandstränden. 1859 noch war das »Hôtel de Dinard« die einzige Unterkunft. Das änderte sich bereits in den siebziger Jahren des letzten Jahrhunderts. Heute kann Dinard knapp 30 Hotels vorweisen. Mit der Einweihung des Casinos 1789 und der Gründung des Golfclubs 1880 waren die wichtigsten Voraussetzungen für einen Urlaub der High-Society geschaffen. Es galt in den gehobenen englischen Kreisen bald als schick, in Dinard seine Ferien zu verbringen.

Aus der Zeit der Belle Epoque sind noch einige attraktive Villen erhalten. Obwohl die Zeit als attraktivstes Seebad Europas längst vorbei ist, erfreuen sich die feinen Sandstrände zwischen der Felsenküste nach wie vor großer Beliebtheit. Die **Plage de l'Ecluse** ist als Hauptbadeplatz direkt im Ort besonders begehrt. Auch das Sportangebot läßt kaum noch Wünsche offen.

Hotels/andere Unterkünfte

Grand Hotel
Vier-Sterne-Hotel mit Charme.
46, av. George V
Tel. 02 99 88 26 26, Fax 02 99 88 26 27
90 Zimmer
Luxusklasse

Manoir de la Rance
Das Haus aus dem letzten Jahrhundert liegt ruhig am Ufer der Rance. Individuell eingerichtete Zimmer.
Château de Jouvente (7 km außerhalb)
35730 Pleurtuit
Tel. 02 99 88 53 76, Fax 02 99 88 63 03
10 Zimmer
Mittlere/Obere Preisklasse

Les Tilleuls
Stadthotel nahe dem Bahnhof, ordentliche Ausstattung.
36, rue de la Gare
Tel. 02 99 82 77 00, Fax 02 99 82 77 55
53 Zimmer
Untere/Mittlere Preisklasse

Camping le Port Blanc
Ideale Lage am Sandstrand.
Leicht terrassiertes Gelände.
Rue du Sergent Boulanger
380 Stellplätze
Tel. 02 99 46 10 74, Fax 02 99 16 90 91

Windgeschützt hinter Strandzelten sonnt man sich am Strand von Dinard.

SEHENSWERTE ORTE UND AUSFLUGSZIELE

Spaziergang

Die drei Sandstrände an der Landzunge sind über einen Küstenweg
(Chemin de Ronde) miteinander verbunden, von dem Sie einen sehr
schönen Blick auf St-Malo und die
Mündungsbucht der Rance genießen. Abends ist der beliebteste Teil
der Promenade »Claire de Lune«
dezent beleuchtet, diskrete Musik
und einige Parkbänke – was braucht
man mehr für eine romantische
Stimmung!

Sehenswertes

Rancekraftwerk (Usine
Marémotrice) ■ I 2
Bei rund 14 m maximalem Gezeitenhub war die Rancemündung prä-
destiniert für das erste und bisher
einzige Gezeitenkraftwerk Europas
(1966 in Betrieb genommen).
Zufahrt über die Straßenverbindung
nach St-Malo
Besichtigung der langen Turbinen-
halle im Staudamm tgl. 8.30–18 Uhr

Museen

Musée de la Mer
In den Aquarien werden Meerestiere
der bretonischen Küste gezeigt.
Zudem Naturkundemuseum.
17, av. George V
Tgl. in der Saison 10–12 und
14.30–18 Uhr

Musée de la Pomme et du Cidre
Dieses Museum zeigt sehr anschau-
lich, teilweise per Video, die Ver-
edelung der Äpfel zu Cidre und
Calvados. Verkauf der Produkte.
Ca. 25 km stromaufwärts der Rance
La Ville-Hervy
22690 Pleudihen-sur-Rance
Tel. 02 99 83 20 78
Juni–Aug. tgl. 10–19,
sonst 14–19 Uhr

Essen und Trinken

Altair
Behagliche Wohnstubenatmosphäre
und schöne Terrasse.
18, bd. Féart
Tel. 02 99 46 13 58
Mittlere Preisklasse

Printania
Im Hotel-Restaurant bretonisches
Mobiliar und großzügiger Blick zum
Meer.
5, av. George V
Tel. 02 99 46 13 07
Obere Preisklasse

Les Tilleuls
Hotelrestauant, großer Speiseraum
im klassischen Dekor. Viel Fisch und
fruits de mer.
36, rue de la Gare
Tel. 02 99 82 77 00
Mittlere Preisklasse

Service

Office de Tourisme
2, bd. Féart
35802 Dinard
Tel. 02 99 46 94 12
Fax 02 99 88 21 07

Englische Kanalinseln
nördlich ■ I 1
Näher an Frankreich als an der
Küste Englands liegen die Inseln
Jersey, Guernsey, Sark und Alder-
ney. Im Personenschnellboot sind
Sie bereits in einer Stunde auf
Jersey.

Übernachtungen im einfachen
Bed & Breakfast sind weit verbrei-
tet. Fahrzeuge jeder Art werden auf
Guernsey oder Jersey vermietet
(Achtung: Linksverkehr und
schmale Straßen!).

Le Mont-Saint-Michel

■ K 1

Der berühmte Klosterberg gehört seit 1873 zu den historischen Kulturdenkmälern des Landes. Trotz seiner Lage am Rande der Normandie ist der Mont-Saint-Michel ein Muß für den Bretagne-Urlauber. Da der Berg nur noch bei Hochflut vom Meer umspült wird, ist ein Spaziergang über die weiten Sandflächen mit Blick auf den heiligen Berg fast immer möglich. Zu dem tausendjährigen Pilgerzentrum steigt man über die »Grande Rue« hinauf, die durch die Auslagen der Souvenirshops zur schmalen Gasse wird.

Bei einer Führung (tgl. auch in Deutsch) wird die unglaubliche Leistung der verschiedenen Baumeister des Mittelalters deutlich: Der Befehl des Erzengels Michael, auf der 80 m hohen Felsspitze eine Kirche zu erbauen, war im Jahre 708 leichter erteilt, als er vom heiligen Aubert und seinen Helfern ausgeführt werden konnte. Als Basis war erst einmal eine Plattform auf der Bergspitze nötig. Hierzu wurden um den Felsen verschiedene romanischen Krypten gebaut, die als Fundament der Klosterkirche dienen. 1084 war schließlich der Bau der mächtigen Abteikirche vollendet. Doch der Eifer der Mönche war damit nicht erschöpft. Als ein Wunderwerk (Merveille) der Architektur wird der Kreuzgang betrachtet, der als Krönung die drei Stockwerke hohe Konstruktion am Hang abschließt. Einige Bautätigkeiten waren allerdings nicht ganz freiwillig, so beispielsweise der Choranbau in seiner prächtigen Flamboyantgotik. Er wurde notwendig, nachdem der romanische Chor bereits zwei Jahrzehnte nach seiner Erbauung einstürzte. Die Befestigung der Klosterinsel ist zur Zeit des Hundertjährigen Krieges so perfekt gelungen, daß weder den französischen noch den englischen Belagerern die Eroberung gelang.

TOP TEN 1

Le Mont-Saint-Michel, die »Pyramide der Meere« (Victor Hugo), gehört zu den grandiosen Architekturleistungen des Mittelalters.

Schroffe Kaps ragen im äußersten Westen, dem Finistère, weit ins Meer hinaus, wild zerklüftet zeigt sich die Bretagne hier von ihrer rauhen, herben Seite.

Ja, schon die Maler waren im letzten Jahrhundert vom Westen der Bretagne angetan. Paul Gauguin, Emile Bernard, Paul Serusier, Emile Schuffenecker und andere zog es immer wieder nach Pont-Aven.

Bretonisch wird hier bis heute im Alltag gesprochen, und manchmal tragen auch die Frauen noch auf der Straße ihre Tracht, wobei die hohen Hauben (Coiffes) des Gebiets Bigouden besonders charakteristisch sind. Im Landesinneren (Centre Finistère) konzentrieren sich die umfriedeten Pfarrbezirke (Enclos paroissiaux) mit den Beinhäusern, der Triumphpforte und den außergewöhnlichen Kalvarienbergen (Calvaires). Deren üppige Ausschmückung bezeugt die wirtschaftliche Blüte dieser Region im ausklingenden Mittelalter.

Das kulturelle Leben des Finistère konzentriert sich auf die Départementhauptstadt Quimper mit der eindruckvollsten Kathedrale der Bretagne. Jeden Sommer findet hier eine der bedeutendsten Folkloreveranstaltungen der Region statt, werden klassische Musikwochen geboten und Ausstellungen organisiert. In Concarneau ist die befestigte Altstadt auf der kleinen Insel in der Hafenbucht komplett erhalten, und nebenan laden die Fischkutter ihren Fang aus.

Die Natur hat diese Gegend »am Ende der Welt« (»Finister«, wie das Gebiet auf bretonisch genannt wird) entscheidend geprägt, hat tief eingeschnittene Trogtäler (auf bretonisch »Aber«) und beeindruckende Klippen hinterlassen. Weit nach Westen erstreckt sich die wilde Pointe de Penhir und die Pointe du Raz mit ihren gefährlichen Riffen. Fast unwirklich erscheint das Leben auf den Inseln draußen im Atlantik.

Der Badetourismus spielt hier nur eine untergeordnete Rolle, dafür sind Meer und Wind an vielen Stellen zu wild. Die bevorzugten Feriengebiete liegen im Süden, im Küstenstädtchen Bénodet und um Beg-Meil, das die feinsten Strände zu bieten hat.

Auf der alten Wasserstraße, die bei Bénodet mündet, fahren heute Ausflugsboote nach Quimper hinauf.

Der Fischfang hat in den meisten Küstenorten große Bedeutung. So auch in Concarneau, wo die größte Fischerflotte der Region beheimatet ist. Die französische Marine hat in dem einmaligen Naturhafen bei Brest ihre größte U-Boot-Basis.

Brest
■ B 2

200 000 Einwohner
Stadtplan → S. 67

Supertanker, Lastenkräne, Kriegs-schiffe und Hochhäuser bestim-men das Bild der zweitgrößten Stadt der Bretagne. Schon seit der Römerzeit war die ideal ge-schützte Bucht von großer militär-strategischer Bedeutung. Hier ließ König Ludwig XIV. durch Zwangsarbeit unter Leitung sei-nes Kriegsministers Richelieu den größten Flottenstützpunkt seines Staates errichten. Die deutsche Wehrmacht nutzte im Zweiten Weltkrieg die Rade de Brest als U-Boot-Basis, was für die Stadt und deren Bevöl-kerung tragische Folgen hatte: Gegen Kriegsende zerstörten die Alliierten in einem wochenlan-gen Bombenhagel die Stadt fast vollständig. Planmäßig wurde sie in nüchterner Schnellbau-weise mit viel Beton wieder auf-gebaut. Bei neueren Bauwerken zeigen die Architekten inzwi-schen mehr Phantasie, so bei-spielsweise bei dem Kongreß- und Kulturzentrum »Le Quartz« mit seiner verspiegelten Fas-sade oder dem Museumsbau »Océanopolis« am Yachthafen. Der Handelshafen (Port de Com-merce) wurde im letzten Jahr-hundert aus dem Mündungsbe-reich der Penfeld in die Rade de Brest verlegt. In diesem Jahrhun-dert kam ein eigener Ölhafen hinzu, in dem die Tanker aus aller Welt gelöscht werden. Für den Reisenden ist Brest eine wichtige Drehscheibe: Hier en-det der Schnellzug aus Paris, auf dem Flughafen landet die Air France, vom Gare Routière fahren Linienbusse in alle Himmelsrich-tungen ab. Im Mietwagen er-reicht man die zahlreichen Aus-flugziele der Umgebung.

Der Marinehafen von Brest ist ein wichtiger Stützpunkt der französischen Flotte.

SEHENSWERTE ORTE UND AUSFLUGSZIELE

Hotels/andere Unterkünfte

Hotel Continental ■ b 2
Großes Stadthotel in zentraler
Lage. Moderne Zimmer mit allem
Komfort.
24, rue de Lyon
Tel. 02 98 80 50 40, Fax 02 98 43 17 47
75 Zimmer
Mittlere Preisklasse

Hotel De la Corniche
südwestlich ■ a 2
Das kleine Drei-Sterne-Hotel bietet
einen rustikalen Rahmen und eine
ruhige Lage.
1, rue Admiral Nicol
Tel. 02 98 45 12 42, Fax 02 98 49 01 53
17 Zimmer
Mittlere Preisklasse

Ibis ■ a 2
Modern ausgestattetes Mittelklassehotel nahe dem Touristenbüro.
13, rue de Siam
Tel. 02 98 46 20 21, Fax 02 98 44 66 54
44 Zimmer
Mittlere Preisklasse

Camping le Goulet
südwestlich ■ a 2
Einfache Anlage westlich von Brest.
Ste-Anne-du-Portzic
Tel. 02 98 45 86 84, Fax 02 98 45 86 84
ganzjährig geöffnet

Sehenswertes

Château de Brest ■ a 3
Auf Pläne des königlichen Baumei-
sters Vauban geht die massive Festungsanlage zurück, die zusammen
mit der Tour Tanguy die Mündung
der Penfeld schützte. 1923 wurde
das Château zum »Monument histo-
rique« erklärt und nach der Bombar-
dierung im Zweiten Weltkrieg wieder aufgebaut.
Besichtigung im Zusammenhang
mit dem Marinemuseum

Hafen
Die Rade de Brest ist Europas größter Naturhafen. Geschützt durch die
Pointe de Portzic im Westen und
die Pointe des Espagnols auf der
Crozon-Halbinsel, bleibt gerade eine
2 km breite Einfahrt (Flaschenhals
genannt). Hier liegt einer der bedeutendsten Handelshäfen und der
zweitgrößte Kriegshafen Frankreichs mit U-Boot-Basis. Beste Aus-
sichtpunkte auf der Rade: vom
Cours Dajot nahe dem Château; von
der Aufzugbrücke Pont de Recour-
rance über der Penfeld, vom Aus-
sichtspunkt Kernis auf der gegenüberliegenden Halbinsel Plougastel
oder von der Pointe des Espagnols
auf der gegenüberliegenden Halbinsel Crozon (Bootsverbindung).
Organisierte Bootsrundfahrten von
1 1/2 Stunden durch den Hafen.

Museen 🏛

Musée des Beaux-Arts ■ b 2
Kunstmuseum mit Werken ab dem
17. Jh., einige Gemälde auch aus der
»Schule von Pont-Aven«.
22, rue Traverse
Tgl. außer Di 10–11.45 und 14–18,
So 14–18 Uhr

Musée de la Marine ■ a 3
Bei einem Rundgang bekommen Sie
zugleich einen sehr guten Eindruck
von der ehemaligen Stadtfeste.
Im Kellergewölbe Schiffsmodelle,
Galionsfiguren, Marinebilder u.a.
Tgl. außer Di 9.15–12 und
14–18 Uhr

Océanopolis östlich ■ c 2
Die weiße »Krabbe« am Yachthafen ist seit 1990 Werbeträger
Nummer eins der Stadt. Allein
schon die Architektur nach den Plä-
nen von Jacques Rougerie lohnt den
Besuch. Die Einflüsse der Gestirne
auf die Meere, das komplizierte Me-

tier des Wetters und anderes mehr werden durch Computersimulationen, Video und Film verständlicher (Informationen auch auf Deutsch). Die Kinder zieht es zu den Modellschiffen, die ferngesteuert durch die nachgebildete Hafenanlage fahren. Über Treppen geht es hinab in die »Unterwasserwelt« der Bretagne, deren Ökosystem in vielen Aquarien gezeigt wird. Im Tangwald schwimmen Seehunde, zum Anfassen gibt es Seegurken, Anemonen, Korallen und einiges mehr.
Port de Plaisance
Mai–Sept. tgl. 9.30–18 Uhr, sonst kürzer

Tour de la Motte Tanguy ■ a 2
Das Stadtmuseum ist in dem runden Turm der einstigen Stadtbefestigung untergebracht (Rekonstruktion).
Juni–Sept. tgl. 10–12 und 14–19 Uhr

Essen und Trinken ⊠

L'Espérance ■ b 1
In dem modernen Restaurant wird die traditionelle Küche gepflegt, große Fischauswahl, gute Weine.
6, pl. de la Liberté
Tel. 02 98 44 25 29
So abends und Mo geschl.
Untere/Mittlere Preisklasse

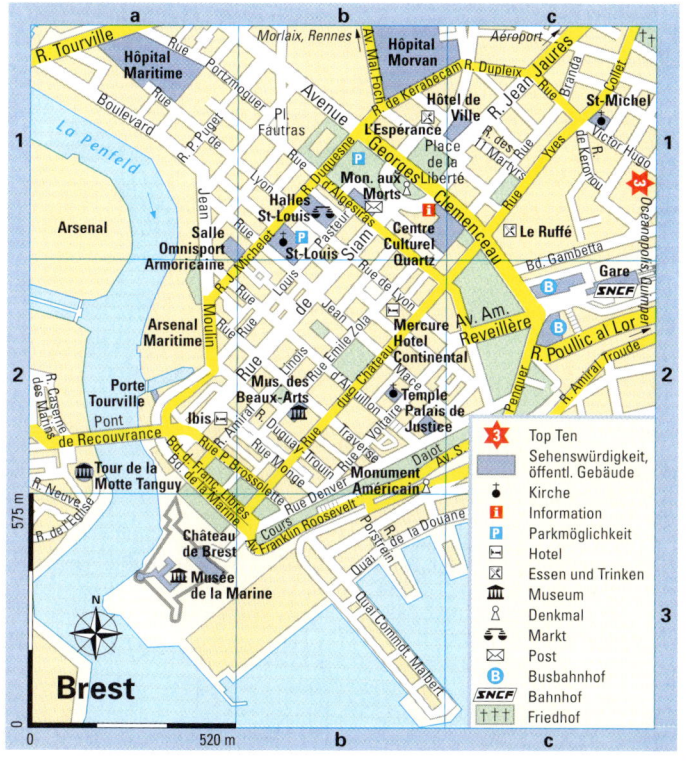

Brest

🟥3	Top Ten
🟦	Sehenswürdigkeit, öffentl. Gebäude
⚲	Kirche
🅸	Information
🅿	Parkmöglichkeit
⊟	Hotel
⊠	Essen und Trinken
🏛	Museum
🯁	Denkmal
⚖	Markt
✉	Post
Ⓑ	Busbahnhof
SNCF	Bahnhof
✝✝✝	Friedhof

SEHENSWERTE ORTE UND AUSFLUGSZIELE

Ma Petite Folie östlich ■ c 2
In dem ehemaligen Boot der Langustenfischer können Sie die Köstlichkeiten des Meeres in der passenden Umgebung genießen.
Port de Plaisance
Tel. 02 98 42 44 42
So geschl.
Mittlere/Obere Preisklasse

Le Ruffé ■ c 1
Ein kleines Restaurant, in dem neben Menüs auch Meeresfrüchte serviert werden.
1bis, rue Yves-Collet (nahe Touristenbüro)
Tel. 02 98 46 07 70
So abends geschl.
Untere/Mittlere Preisklasse

Service ℹ️

Office du Tourisme ■ b 1
Pl. de la Liberté
29266 Brest Cedex
Tel. 02 98 44 24 96, Fax 02 98 44 53 73
Der Beschilderung »Centre Culturel Quartz« folgen

Ziele in der Umgebung

Aber Benoît und Aber Wrac'h ■ B 1/B 2

Das Meer hat im Westen tiefe Flußtäler gebildet. Als »Aber« werden auf Bretonisch solche tiefen Trichtermündungen bezeichnet, die sich mit den Gezeiten verwandeln: Bei Ebbe unansehnliche Rinnsale im Schlick, werden sie bei Flut zu breiten Flüssen. Den **Aber Benoît**, 16 km nördlich an der D 13, können Sie am besten von der Brücke (D 28) bei Tréglonou betrachten. Über die »Hexenmündung« führt 1 km nördlich des Ortes Lannilis ebenfalls eine Brücke (D 113), von der aus der **Aber Wrac'h** gut eingesehen werden kann.

Ile d'Ouessant ■ A 2
Einwohner 1060

Kantig, schroff, von Wellen und Winden des Ozeans gezeichnet, bildet die Insel den westlichsten Vorposten Frankreichs. Seefahrer haben die tückischen Riffs verflucht und drei Kreuze geschlagen, wenn sie die Passage mit heiler Haut überstanden hatten. Dank elektronischer Leitsysteme konnten die Gefahren

Océanopolis, eines der größten und modernsten Aquarien Europas, führt groß und klein in die faszinierende Welt des Meeres ein.

weitgehend genommen werden. Während die Fähren den Hafen Digue im Osten ansteuern, liegt der Hauptort Lampaul im Südwesten. An der Nordwestküste, der wohl spannendsten Ecke der kleinen Insel (maximale Ausmaße: 8 x 4 km), sollten Sie etwas verweilen und dem Kampf der Brandung mit den Felsen zuschauen. Bootsverbindungen einmal tgl. ab Brest. Für nicht ganz so seetüchtige Besucher gibt es das Personenboot ab dem Fischerort Le Conquet an der Westküste.

Nordwestküste ◼ B2

Unzählige Miniinseln und Riffe ragen an der Westküste aus dem Meer. Nirgendwo anders gibt es so viele Orientierungsmarken und Leuchtfeuer wie hier. Im Dorf Kersaint (25 km nordwestlich von Brest) beginnt an der Küstenstraße D 27 die »Route Touristique«, die sich entlang des Aber Ildut windet. An diesem Küstenabschnitt strandete am 16. März 1978 der Supertanker »Amoco Cádiz«. 220 000 Tonnen Rohöl ergossen sich ins Meer und trieben mit der Strömung bis an die Strände der Kanalinsel. Viele Tausend freiwillige Helfer reinigten in aufwendiger Handarbeit die Küste. Im Ortsbereich von Plouarzel findet man den mit 12 m größten aufrechtstehenden Menhir der Bretagne. Vom malerischen Hafen Le Conquet in der geschützten Flußmündung legt die Personenfähre zur Ile d'Ouessant ab.

Plougastel-Daoulas ◼ C 2

11 100 Einwohner

Der Hauptort am Eingang der gleichnamigen Halbinsel ist für seinen Kalvarienberg bekannt. Mit 180 Figuren gehört er zu den großen Calvaires der Bretagne. Bei der Darstellung der Passionsszenen haben sich die Bildhauer 1602 sehr stark an dem Ensemble von Guimiliau (→ Routen und Touren, S. 98) orientiert. Auch hier gibt es die Krönung mit der Dornenkrone, das Abendmahl, die Höllenfahrt der Katel Gollet und viele andere vergleichbare Szenen.

Die Ile d'Ouessant war einst bei Seefahrern wegen der schwierigen Navigation als »Insel des Schreckens« bekannt.

Concarneau ■ D 4
18 600 Einwohner

Anziehungspunkt der Hafenstadt ist die **Ville close** auf der gerade mal 300 Meter langen Insel. Tausende von Urlaubern besuchen jeden Sommer die kleine Altstadt, deren Fußgängergassen von Souvenirgeschäften, Restaurants und Crêperien gesäumt werden. Die Stadtmauern sind fast komplett begehbar und bieten den besten Eindruck von der über 1000 Jahre alten Anlage in der geschützten Bucht. Das ehemalige Château sicherte die Stadt zum offenen Meer, der Eingang wurde über eine Zugbrücke abgeriegelt. Zur Zeit König Ludwig XIV. ließ der Festungsbaumeister Vauban Kanonen auf den Dächern der Wehrtürme installieren. Von der Porte du Passage, ebenfalls ein Werk Vaubans, pendelt ein Personenboot an das gegenüberliegende Ufer (Parkplatz).

Die Stadt an der »Ecke der Cornouaille« (bretonisch **Konk Kernew**) lebt weitgehend vom Fischfang. 250 Schiffe sind hier registriert, darunter 35 Meter lange Hochseetrawler, die bis zu den Seychellen fahren. Die große Krise Anfang dieses Jahrhunderts, als die Sardinenschwärme ausblieben und der Erlös der »Fête des Filets Bleus« (→ Feste und Festspiele, S. 31) das Überleben der Fischer sicherte, ist längst vorbei. Was die Fangmenge betrifft, ist Concarneau heute der zweitgrößte Fischereihafen Frankreichs. Die Meeresfrüchte werden in der großen Auktionshalle frühmorgens versteigert (**criée**) – ein sehenswertes Schauspiel, das teilweise auf bretonisch abläuft. Badestrände beginnen im Norden der Stadt.

Die »ville close« von Concarneau, die befestigte Altstadt, ist ein phantastisches Beispiel mittelalterlicher Wehrarchitektur.

Hotels/andere Unterkünfte

De l'Océan
Am besten Badestrand der Stadt gelegen, Meerblick. Halbpension obligatorisch.
Plage des Sables-Blancs
Tel. 02 98 50 53 50, Fax 02 98 50 84 16
70 Zimmer
Mittlere Preisklasse

Du Port
Garnihotel, einige Zimmer mit Blick zum Hafen und zur Altstadt, der Ville close.
11, av. Pierre-Guéguin
Tel. 02 98 97 31 52, Fax 02 98 60 59 03
14 Zimmer
Untere Preisklasse

Camping
Sieben Anlagen verteilen sich um die Stadt. Nahe am Strand Kernous liegt der Vier-Sterne-Camping-platz
Les Prés Verts
Tel. 02 98 97 09 74, Fax 02 98 50 72 34
150 Stellplätze
Ostern–Sept.

Museen

Marinarium
Ein Aquarium, das mehr als nur Fische zeigt.
Pl. de la Croix
April–Sept. tgl. 10–12 und 14–18.30 Uhr

Musée de la Pêche
Zu dem Fischereimuseum in der Altstadt gehören auch die großen Boote direkt vor der Stadtmauer. Sehr anschaulich werden Techniken und Geschichte der verschiedenen Fangmethoden erläutert.
11, rue Vauban
Tgl. außer Mo 9.30–12.30 und 14–18, Mitte Juli–Mitte Sept. 9.30–19 Uhr

Essen und Trinken

Le Galion
Schlemmerlokal in einem typischen Haus der Ville close, eingerichtet im Stil Ludwig XIII. Ausgezeichnete Küche.
15, rue St-Guénolé
Tel. 02 98 97 30 16
Mo mittag geschl.
Obere Preisklasse

Le Petit-Château
Das Restaurant liegt etwas abseits des Touristenstroms. Im kleinen Garten können Sie in Ruhe bretonische Spezialitäten kosten.
16, rue Théodore-Louarn
Tel. 02 98 97 49 98
Mittlere Preisklasse

Service

Office de Tourisme
Quay d'Aiguillon
29900 Concarneau
Tel. 02 98 97 01 44, Fax 02 98 97 85 71

Ziele in der Umgebung

Beg-Meil, Cap-Coz und Mousterlin ■ C 4/D 4

heißen die kleinen Badeorte von Fouesnant, wenige Kilometer westlich von Concarneau. Sie bieten die besten Badeplätze der Cornouaille: 15 Strände mit insgesamt etwa 17 km feinem, weißem Sand, leichten Dünen und kleinen, felsigen Partien. Stichstraßen führen dicht ans Meer, von hier aus lassen sich ruhige Badestellen zu Fuß erreichen. Zum Surfen bieten sich verschiedene Einstiege an, die mit dem PKW angesteuert werden können. Von Großhotels blieb der verlockende Küstenabschnitt bisher verschont, Camping wird dafür ganz großge-

SEHENSWERTE ORTE UND AUSFLUGSZIELE

*Pont-Aven lebt vom Ruhm »seiner«
Maler – der »Schule von Pont-Aven«.*

schrieben. Im Küstenraum verteilen
sich zwei Dutzend Anlagen jeglicher
Klassifizierung, mit und ohne Schatten, dicht am Meer oder nahe der
Lagune. Das Gebiet um Fouesnant
ist für seinen Cidre und die »Fête
des Pommiers« bekannt.
Office de Tourisme
5, rue Armor
29170 Fouesnant
Tel. 02 98 56 00 93
Fax 02 98 56 64 02

Iles de Glénan ■ D 5

Von den verschiedenen Orten der
Küste, u. a. Concarneau und Beg-
Meil, werden Bootsfahrten zum
20 km entfernten Archipel angeboten. Feine Strände umgeben die
flachen Inseln und Mini-Inseln, von
denen einige in Privatbesitz sind.
Die Insel Giautec ist ein Vogelreser-
vat. Beim Tauchen oder Segeln
werden an heißen Sommertagen
Erinnerungen an die Südsee wach.

Pont-Aven ■ D 4
3030 Einwohner

Der kleine Ort im Tal der Aven wäre
längst nicht so überlaufen, wenn
nicht vor über 100 Jahren so bedeutende Maler wie etwa Paul Gauguin,
Paul Sérusier und Emile Bernard
hier gewirkt hätten. Auf Postkarten,
Postern und Keksdosen der köst-
lichen Butterplätzchen finden sich
heute die bekanntesten Motive
wieder. Im »Bois d'Amour« können
Sie auf den Spuren der Maler wandeln oder die Kapelle »Trémalo«
besuchen, wo Gauguin sich zu seinem berühmten Werk »Der gelbe
Christus« inspirieren ließ. 1888
entstand hier das Gemälde »Vision
nach der Predigt – Jacobs Kampf
mit dem Engel«. In dem kleinen
Museum sind einige Werke der
Maler von Pont-Aven ausgestellt.
Fotos spiegeln das Leben dieser
Zeit im Hafenstädtchen wider
(Place de l'Hôtel de Ville, tgl.
10–12.30 und 14–18.30 Uhr,
Juli und Aug. tgl. 10–19 Uhr).

Von dem Renommee der »Stadt
der Maler« versuchen rund ein Dutzend Galerien zu profitieren; die
Souvenirgeschäfte bieten all das an,
was als »typisch bretonisch« gilt.
An den Ufern der Aven drehte sich
einst gut ein Dutzend Wassermüh-
len. Eine davon ist das gediegene
Restaurant »Le Moulin de Rosma-
dec« umgewandelt worden, in einer
anderen wurde ein Salon de Thé mit
Crêperie eingerichtet. Auf der Terrasse sitzen Sie direkt neben dem
Mühlbach. Pont-Aven liegt 23 km
östlich von Quimper, unweit der
Schnellstraße N 165.
Office de Tourisme
B.P.36, 29930 Pont-Aven
Tel. 02 98 06 04 70

Morlaix ■ D 2
16 700 Einwohner

Die Kleinstadt wirbt ohne Übertreibung mit dem Zusatz »Cité d'art et d'histoire«. Einzigartig ist nicht nur die Lage im Tal, das von dem markanten Eisenbahnviadukt überspannt wird, auch die Altstadt kann mit ungewöhnlichen Fachwerkhäusern aufwarten. Im Mittelalter schon war Morlaix als größtes Handelszentrum der Bretagne Stützpunkt reicher Kaufleute, was sich heute noch an den kunstvoll verzierten Bauwerken ablesen läßt. Spanisch beeinflußt waren die einmaligen Laternenhäuser – im Mittelalter eine ungewöhnliche Bauweise, die sich durch den überdachten Innenhof und die kunstvoll verzierte Außentreppe auszeichnet. Einige wenige **Maisons à Lanterne** haben die Zeiten überdauert. Über die Handelsverbindungen, die nicht nur nach Spanien und Portugal, sondern bis nach Übersee reichten, kam diese Bauweise nach Morlaix. Der gutgeschützte Umschlaghafen für die Waren des Hinterlandes brachte der Stadt sehr früh einen wirtschaftlichen Aufschwung, der sich über Jahrhunderte bis ins Zeitalter der Industrialisierung fortsetzte. Auch die Korsaren wußten die strategisch günstige Lage am Eingang des Ärmelkanals zu schätzen. Mit ihrer Kaperausbeute trugen sie nicht unerheblich zum Reichtum der Stadt bei.

Von Morlaix aus lassen sich die unterschiedlichsten Ausflugsziele ansteuern; so beispielsweise die schönsten Kalvarienberge der Bretagne (→ Routen und Touren, S. 96), das Megalithgrab »Cairn de Barnenez« oder die Ile de Batz bei Roscoff.

Neben dem 58 Meter hohen und 285 Meter langen Eisenbahnviadukt wirken die Häuser von Morlaix wie Spielzeug.

SEHENSWERTE ORTE UND AUSFLUGSZIELE

Hotels/andere Unterkünfte

L'Europe
Ein Hotel mit altem Charme und moderner Zimmerausstattung. Mitten in der Stadt gelegen.
1, rue d'Aiguillon
Tel. 02 98 62 11 99, Fax 02 98 88 83 38
60 Zimmer
Mittlere Preisklasse

Du Port
Von einigen Zimmern Hafenblick.
3, quai de Léon
Tel. 02 98 88 07 54, Fax 02 98 88 43 80
25 Zimmer
Untere Preisklasse

Spaziergang

Der Spaziergang von etwa einer dreiviertel Stunde beginnt beim Touristenbüro und steigt auf der anderen Straßenseite (Rue Venelle de la Roche) zum **Viadukt** hinauf (Ausschilderung: Accès piétonnier au Viaduc). Auf der Mitteletage der 58 m hohen Brücke von 1863 ist ein eigener Übergang für Fußgänger vorgesehen, über die Esplanade du Calvaire erreichen Sie die **Rue Ange de Guernisac**, eine der alten Gassen Morlaixs. Schieferverkleidete Häuser (15. Jh.) sind mit kunstvollen Heiligenfiguren geschmückt. Am Ende der Fußgängerzone zweigt nach wenigen Metern auf der Querstraße Rue Carnot links die **Grand' Rue** ab, die für ihre überkragenden **Maisons de Lanterne** berühmt ist. Am angrenzenden Marktplatz steht das Vorzeigehaus **Maison de la Reine Anne**. Steigen Sie anschließend zum ehemaligen **Château** hinauf (ausgeschildert), bietet sich ein weiter Blick über die Altstadt.

Sehenswertes

Eglise Saint-Mathieu
Sehenswert ist weniger die Kirchenarchitektur aus dem 19. Jh. als die **Statue Ouvrante** – eine Marienfigur, die aufgeklappt eine Dreieinigkeits-Skulptur zeigt.
Rue Basse

Die schönen alten Häuser am Markt erinnern daran, daß Morlaix schon im Mittelalter Wohnsitz reicher Kaufleute war.

Maison de la Reine Anne

Ein Laternenhaus, benannt nach
der Herzogin der Bretagne. Neben
der reichverzierten Fassade ist im
Innenhof die kunstvoll geschnitzte
Treppe zu sehen, die drei Etagen
miteinander verbindet.
Juli und Aug. tgl. 10.30–18.30,
So 15–18 Uhr

Museen

La Manufacture de Cigares

Seit dem letzten Jahrhundert besteht die Fabrik, in der über 300 Millionen Zigarren pro Jahr produziert
werden. Bei einer Führung werden
die verschiedenen Arbeitsschritte
gezeigt.
41, quai de Léon
Einmal pro Woche, Dauer $1^1/_2$ Std.

Musée des Jacobins

In der ehemaligen Kirche aus dem
15. Jh. ist das Stadtmuseum eingerichtet. Eine bunte Mischung bretonischer Volkskunst und Gemälde
wird gezeigt.
Place des Jacobins
Tgl. 10–12 und 14–18 Uhr, außerhalb der Saison Di geschl.

Essen und Trinken

Le Chaudron

Gemütliches Restaurant im alten
Stadthaus. Gegrillt wird über dem
Holzkohlefeuer.
7, rue Ange-de-Guernisac
Tel. 02 98 63 47 59
Mittlere Preisklasse

Restaurant Brocéliande

Spezieller Rahmen: wie ein Wohn-
zimmer der »Bourgeois« im 19. Jh.
Raffinierte Küche.
5, rue des Bouchers
Tel. 02 98 88 73 78
Mittlere bis Obere Preisklasse

Service

Office de Tourisme

Place des Otages
29600 Morlaix
Tel. 02 98 62 14 94
Fax 02 98 63 84 87

MERIAN-TIP

Les Bains-Douches So etwas gibt es nur einmal: Das alte
Stadtbad aus dem Jahre 1904 wurde zu einem Restaurant
umfunktioniert. Alles ist original erhalten, die Wand-
kacheln, der Boden, das Glasdach. Die Küche wird nach
Art eines Bistros geführt. Wie wäre es mit einer **Brochette speciale Bains-Douches** oder **Fricassée de lapin au
cidre**? Am Fluß gelegen, 45, allée du Poan-Ben le Jarlot,
Tel. 02 98 63 83 83, Mittlere bis Obere Preisklasse ■ D 2

SEHENSWERTE ORTE UND AUSFLUGSZIELE

Ziele in der Umgebung

Cairn de Barnenez ■ D 1

Die megalithische Grabstätte (4500 v. Chr.) gehört zu den eindrucksvollsten Monumenten dieser Epoche. Es ist der älteste Steinhügel in Europa. Unter dem steinernen Grabhügel (Cairn) von über 70 m Länge verbergen sich elf Grabkammern, von denen zwei bei der Führung besichtigt werden können. Von dem Hügel aus bietet sich ein weiter Blick über die Morlaix-Mündung. Tgl. 10–11.30 und 14–17.45 Uhr Ab dem Hafen 13 km am rechten Flußufer D 76 aufwärts

Calvaire von Plougonven ■ D 2

In dem Dorf befindet sich einer der ältesten Enclos Paroissiaux (→ Routen und Touren, S. 96) der Bretagne. Der eindrucksvolle Calvaire (1554 errichtet) erzählt mit seinen ausdrucksstarken Skulpturen die Leidensgeschichte Christi. Hier finden Sie u. a. die seltene Darstellung des Jüngsten Gerichts, die Versuchung durch den Teufel in der Wüste, den Heiligen Yves als Schlichter zwischen den Armen und Reichen und vieles mehr. Bei genauer Betrachtung lassen sich viele Details erkennen: das abgeschnittene Ohr des Römers, die Tränen bei der Kreuzabnahme ...
Zufahrt: 12 km südöstlich Morlaix an der D 9

Parc Régional d'Armorique ■ B 3/E 2

30 km südlich von Morlaix erreichen Sie über die schöne Inlandstrecke D 769 den Ausflugsort Huelgoat am See. Heute ist der Weiler Teil des Regionalparks Armorique, dem größten Landschaftsschutzgebiet der Bretagne, das 1969 eingerichtet wurde. Es umfaßt weite Heidelandschaften, Torfgebiete, die typische Bocagelandschaft und den Hochwald (Huelgoat), der einst weite Bereiche des Inlands bedeckte. Das sogenannte Artuscamp, ein Erdwall nahe Huelgoat, wird von Archäologen als keltische Siedlung (vermutlich bis 50 v. Chr.) gedeutet. Schöne Wanderwege führen durch das einstige Reich der Druiden, mit hohem Farnkraut und moosüberzogenen Felsen, die phantasievoll getauft wurden.

Einfache Übernachtungsmöglichkeiten und Restaurants gibt es in Huelgoat.

Roscoff ■ D 1
3700 Einwohner

Zwischen Morlaix und Roscoff (25 km, D 58) werden auf den Feldern etwa zwei Drittel der bretonischen Artischocken gezüchtet. Die Fischer der Hafenstadt Roscoff haben sich auf den Fang von Meerestieren spezialisiert, die von der »Société Langouste« in alle Welt verschickt werden (Besichtigung). Überragt werden die grauen Granithäuser von dem ungewöhnlichen Renaissance-Glockenturm der Kirche **Notre-Dame-de-Kroaz-Baz**.

Nur 4 km von der Küste entfernt liegt die **Ile de Batz**, die im stündlichen Rhythmus von Personenbooten angelaufen wird. Die kleine »Gemüseinsel« (1,5 x 3,5 km) kann bequem in einen Tagesausflug eingebaut werden. Der einzige Ort, zugleich Fährhafen, liegt in einer geschützten Bucht. Mit einem Fahrrad, das Sie hier mieten können, oder auch zu Fuß läßt sich die Insel erkunden.

Quimper ■ C 4

59 500 Einwohner
Stadtplan → S. 79

An der Kreuzung zwischen Land- und Seeweg konnte Quimper über das Mittelalter hinaus seine Position als Handels- und Wirtschaftszentrum behaupten. Der Zusammenfluß (bretonisch »Kemper«) von Steir und Odet, die von ihrer Mündung bis Quimper schiffbar ist, hat der Stadt ihren Namen gegeben. Die Verwaltungs-Hauptstadt des Départements Finistère sieht sich auch als Kulturzentrum im Westen der Bretagne. Dies äußert sich in Museen, Festivals und Musikwochen. Quimper liegt im Zentrum der Landschaft Cornouaille (der Name ist die französische Übersetzung für »Cornwall«). Die Namensgleichheit erinnert an die Kelten, die aus Großbritannien vor rund 1500 Jahren flüchteten, um sich hier niederzulassen. Erst später wurde die Region dem Herzogtum Bretagne angegliedert. Der Überlieferung nach soll König Gradlon seinerzeit die Stadt gegründet haben, nachdem die sagenumwobene Stadt Ys irgendwo an der bretonischen Westküste von den Fluten des Atlantik verschluckt worden war.

Erster Bischof Quimpers wurde der irische Mönch Corentinus, der sich angeblich von einem einzigen Fisch, der immer wieder nachwuchs, ernähren konnte. Bis ins 16. Jahrhundert war Quimper von Mauern umgeben. Zu den alten Straßenzügen gehören die Rue Kéréon und die Rue Elie-Fréron, die sich vor der Kathedrale vereinen. Von dem Wohlstand, den viele Quimperianer seit dem späten Mittelalter genossen, zeugen die Fassaden der vorkragenden Häuser um die Kathedrale.

Quimper ist für seine Fayencen über die Grenzen der Bretagne hinaus bekannt.

SEHENSWERTE ORTE UND AUSFLUGSZIELE

Hotels/andere Unterkünfte

Dupleix ■ b 3
Im Zentrum gelegen. Durch schall-
isolierte Zimmer stört die Hauptstraße kaum.
34, bd. Dupleix
Tel. 02 98 90 53 35, Fax 02 98 52 05 31
45 Zimmer
Mittlere Preisklasse

Gradlon ■ c 2
Älteres Hotel mit Zimmern zum
kleinen Garten.
30, rue de Brest
Tel. 02 98 95 04 39, Fax 02 98 95 61 25
24 Zimmer
Mittlere Preisklasse

Mascotte ■ c 3
Die schlicht eingerichteten Zimmer
bieten modernen Komfort.
6, rue Théodore le Hars
Tel. 02 98 53 37 37
Fax 02 98 90 31 51
63 Zimmer
Mittlere Preisklasse

**Castel Camping Orangerie
de Lanniron** südwestlich ■ a 3
Auf dem Gelände des Schlosses
können Camper dicht am Ufer des
Odet ihren Urlaub verbringen. Vier-
Sterne-Standard zu entsprechen-
dem Preis.
2 km südlich der Altstadt
Tel. 02 98 90 62 02
Fax 02 98 52 15 56

Spaziergang

Ausgangspunkt für die kleine Runde
durch die Altstadtgassen ist die **Kathedrale**. Links in der **Rue du Guéo-
det** kommt man am Haus Nr. 4 mit
den kunstvoll gearbeiteten Karyati-
den vorbei. Am Ende rechts über die
Rue des Boucheries und gleich wieder rechts in die Rue du Salle zur
kleinen **Place au Beurre**. Hier bietet

*Die Cathédrale St-Corentin, einer der
vollkommensten Bauten der französischen Hoch- und Spätgotik, dominiert
die Altstadt von Quimper.*

sich in der gleichnamigen Crêperie,
eingerichtet in einem typischen
Haus aus dem 17. Jh., ein Zwischenstopp an. Steigt man über die
Rue du Lycée hoch, ergibt sich ein
schöner Blick zurück auf die Türme
der Kathedrale, über die nächste
Parallelstraße gelangen Sie wieder
in den Fußgängerbereich. Rechts
führt die **Rue des Gentilhommes**
hinunter zum Ufer des Steir, der unweit der alten Brücke Médard unter-
irdisch zur Mündung im Odet geführt wird. Auf der **Place Terre-au-
Duc** ist das windschiefe Fachwerkhaus unübersehbar. Von dem Platz
zweigt zur einen Seite die Fußgängerstraße **Saint-Mathieu** ab, in
der anderen Richtung geht es zur
Markthalle. In der Fußgängerzone
Rue Kéréon (Schustergasse) sind
zwischen den überkragenden Fachwerkhäusern fotogen die Türme
der Kathedrale zu sehen.

Sehenswertes

Cathédrale St-Corentin ▪ b 2

Die Kathedrale gehört zu den bedeutendsten Sakralbauten der Bretagne (im 13. Jh. begonnen). Die Glasfenster in der Galerie (15. Jh.) blieben von den Zerstörungen in der Reformation verschont. Wie der Künstler Gruber 1980 das Thema »Wasser« umgesetzt hat, zeigt das Glasfenster links vom Eingang. Eine Statue des hl. Corentin, erster Bischof der Stadt, befindet sich in der Vierung rechts, Medaillons in der Kanzel erzählen aus seinem Leben. Eine kleine Figur des Santik-Du, eines farbigen Heiligen, der sich im 14. Jh. um die Pestkranken sorgte, steht im rechten Querschiff. Heute noch wird daneben Brot für die Armen der Stadt gelegt. Auf der Außenfassade zwischen den beiden Türmen (Mitte des letzten Jh.) schaut König Gradlon hoch zu Roß auf die Bürger seiner Stadt herab.

Museen 🏛

Musée des Beaux-Arts ▪ b 2

Die größte Gemäldesammlung der Westbretagne umfaßt Werke aus der Zeit des 16. bis 20. Jh. Werke aus der »Schule von Pont-Aven« spiegeln typisch bretonische Szenen wider. Dem berühmten Sohn der Stadt, Max Jacob (1876–1944), ist ein eigener Saal gewidmet.
40, pl. St-Corentin
Juli–Aug. tgl. 10–19, sonst 10–12 und 14–18 Uhr

🏖	Spaziergang mit Laufrichtung
8	Top Ten
▪	Sehenswürdigkeit, öffentl. Gebäude
ℹ	Information
🛏	Hotel
🍴	Essen und Trinken
🏛	Museum
⚖	Markt
	Fußgängerzone
†††	Friedhof

Quimper

Musée Départemental Breton ■ b 2

In dem ehemaligen Palast der Bischöfe von Cornouaille sind Funde der Vorgeschichte, altbretonische Kunstgegenstände, eine große Trachtensammlung, Möbel des 17. bis 20. Jh. und eine Keramiksammlung untergebracht. Ein Museum für alle, die tiefer in die bretonische Geschichte einsteigen möchten.
1, rue du Roi Gradlon
Juni–Sept. tgl. 9–18, sonst tgl. außer Mo und So vormittags 9–12 und 14–17 Uhr

Musée de la Faïence
Jules Verlingue   südlich ■ a 3

Auf einem Rundgang wird die Geschichte der Fayencenherstellung durch Fotos und viele hundert Exponate aus den verschiedenen Epochen deutlich.
14, rue Jean-Baptiste Bousquet
Mai–Okt. tgl. außer So 10–18 Uhr

Essen und Trinken

L'Ambroisie   ■ b 1
Gepflegtes Restaurant unweit der Kathedrale. Mehrfach ausgezeichnete Küche.
49, rue Elie Fréron
Tel. 02 98 95 00 02
Mo abends geschl.
Obere Preisklasse

La Fleur de Sel   südlich ■ a 3
Gediegenes Restaurant am Ufer des Odet gelegen. Delikate Fischgerichte.
1, quai Neuf-Cap Horn
Tel. 02 98 55 04 71
Mittlere/Obere Preisklasse

Le Saint-Co   ■ b 2
Wohnstubengroßes Restaurant neben der Kathedrale. Verschiedene Salate, Fleisch und Fisch.
20, rue du Frout, Tel. 02 98 95 11 47
Untere Preisklasse

Kathedrale Saint-Corentin

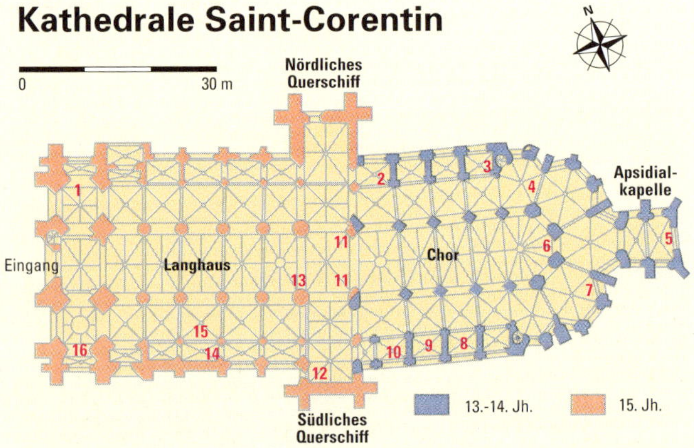

0   30 m

Nördliches Querschiff

Apsidialkapelle

Eingang   Langhaus   Chor

Südliches Querschiff

13.-14. Jh.   15. Jh.

1 Johannes der Täufer (Alabasterstatue)
2 Statue von Monseigneur Graveran
3 Corentin-Altar
4 Tür zur Sakristei
5 Granitaltar von 1295
6 Hochaltar
7 Statue von Santik-Du
8 Pierre de Quenquis
9 Bertrand de Rosmadecs
10 Statue der heiligen Anna
11 Östliche Vierungspfeiler
12 Altar (19. Jh.)
13 Kanzel
14 Mosaik (Maurice Denis)
15 Monseigneur Duparc
16 "Grablegung Christi"

Einkaufen 🛍

Les Halles ■ a 2
Moderne Markthalle mit interessanter Architektur. In der Altstadt.
Rue Astor

HB-Henriot – Art de Cornouaille
■ b 2
Schon von außen wird deutlich, daß sich in dem alten Fachwerkhaus neben der Kathedrale alles um Fayencen dreht. Hier finden Sie die gesamte Produktpalette der ältesten Fayencenmanufaktur der Bretagne. Typisch bretonische Motive zieren wie kleine Gemälde seit 1870 die Produkte. Ein reichhaltiges Angebot bietet auch »la Civette« am Quai, 16, rue du Parc.

Service ℹ

Office de Tourisme ■ a 3
Pl. de la Résistance
29000 Quimper
Tel. 02 98 53 04 05, Fax 02 98 53 31 33

Festival de Cornouaille
Im Juli findet das bretonische Volksfest mit viel Musik und Tanz statt.

Ziel in der Umgebung

Locronan ■ C 3

»Zurück ins Mittelalter«: Unter diesem Motto steht ein Ausflug ins 17 km nördlich gelegene Locronan. Geranien geben den grauen Granithäusern etwas Farbe, zwischen den Mauerritzen der Kirche wuchern wilde Blumen; zusammen mit dem abgetretenen Kopfsteinpflaster und dem Brunnen bildet das Dorf eine Kulisse, die oft für Filmszenen herhalten mußte: Als englisches Dorf taucht Locronan z.B. in Polanskis Streifen »Tess« auf. Jahrhundertelang waren Tuche aus Locronan ein Exportschlager, der mit immer größer werdenden Segelbooten dem Städtchen einen wirtschaftlichen Aufschwung bescherte. Handarbeit ist wieder gefragt: Vor der Kirche wird gedrechselt, in den historischen Gemäuern Töpferwaren angeboten und Tuche nach alter Tradition hergestellt. Im Juli empfiehlt sich der zweite Sonntag für einen Besuch. Dann wandeln die Pilger auf dem Weg des heiligen Ronan (→ Feste und Festspiele, S. 31).

MERIAN-TIP

Fayencen aus Quimper Direkt ab Fabrik bekommen Sie die Fayencen bis zu 30 Prozent ermäßigt. Die Keramikwerkstätten liegen etwas außerhalb vom Zentrum im Ortsteil Locmaria in der Rue Haute. Dort werden Zweite-Wahl-Produkte angeboten. Typisch für die Fayencen aus Quimper sind die Farben Gelb, Blau, Grün und Violett. Mo–Fr 9.30–11.30 und 13.30–16 Uhr südlich ■ a 3

Der Sandstrand von La Baule

ist der längste und beste der Bretagne. Mit seinen Hochhauskomplexen bildet der Ort eine Ausnahme im Reigen der bretonischen Seebäder.

Ein weiteres Badezentrum der Südbretagne erstreckt sich um die Halbinsel **Quiberon**, die sich kilometerweit ins Meer vorschiebt. Ganz in der Nähe, in **Carnac**, ragen die mystischen Menhire der Steinzeit in den Himmel, kilometerlang zu Reihen aufgestellt oder als Dolmen zur Bestattung errichtet. Rätselhafte Zeugen der Vergangenheit, die sich bis in den **Golfe du Morbihan** erstrecken. Am Ende des Inselgewirrs dann die historischen Mauern der Stadt **Vannes,** die mit ihren alten Fachwerkhäusern und schmalen Gassen zu den malerischsten im Süden der Bretagne gehört. Von der mittelalterlichen Bedeutung dieser Region zeugt auch das hübsche Städtchen **Auray**. Entlang der Küste war jahrhundertelang die Salzgewinnung die Lebensgrundlage. Daß die Bewohner durch das »weiße Gold« zu beträchtlichem Wohlstand kommen konnten, zeigt die ehemalige Salzhauptstadt **Guéran-de.** Bis zum heutigen Tag wird in der größten Saline Frankreichs das Salz von den Paludiers in mühevoller Handarbeit geerntet. Große Bedeutung hatte auch das Torfgebiet **Brière** im Hinterland von La Baule, das heute ein beliebtes Ausflugsziel ist. Von verschiedenen Hafenorten aus werden Bootsfahrten zu den vorgelagerten Inseln angeboten, wobei die **Belle-Ile,** wie der Name schon verrät, zu den Ausflugsrennern gehört.

In La Baule reiht sich über Kilometer ein Appartementblock an den anderen, nur durch die Straße vom traumhaft schönen Sandstrand entfernt.

Die melancholische und herbe Brière-Landschaft wird vom Wasser bestimmt.

La Baule ■ H 6

14 800 Einwohner

Sie sind nicht an der Côte d'Azur gelandet, das Seebad der Superlative gehört zur Bretagne: zwölf Kilometer feinster Sandstrand, gesäumt von sechs- bis zehnstöckigen Appartement- und Hotelanlagen, mit einer Übernachtungskapazität, die alle anderen Badeorte der Region in den Schatten stellt. Auf der vierspurigen Uferstraße machen es die Autofahrer den vollbepackten Badegästen nicht gerade leicht, das ersehnte Naß zu erreichen.

Am Strand wird der Urlauber dann schnell enttäuscht, wenn er im Hochsommer ein ruhiges Plätzchen erwartet – die rund 150 000 Gäste suchen alle das Gleiche …

Der geschwungene Badestrand gehört zweifellos zu den schönsten der Bretagne, wenn nicht sogar Frankreichs, für Animation ist reichlich gesorgt. Bei Ebbe bietet er zudem eine wahre Fundgrube für Muschelsammler. In zweiter, dritter und vierter Reihe zum Strand verbergen sich zwischen Pinien einige hübsche Villen aus der Jahrhundertwende, wie es sie zahlreich gab, als sich der Badetourismus in gehobenen Kreisen etabliert hatte. Beim Bau der Eisenbahnlinie wurde der Superstrand »entdeckt«, mit der Pinienanpflanzung die Wanderdüne gestoppt und systematisch eine Infrastruktur geschaffen.

Inzwischen ist La Baule mit seinen Nachbarorten Le Pouliguen und Pornichet zu beiden Seiten der Bucht auf zwölf Kilometer Länge zusammengewachsen.

Das Seebad Nummer eins liegt am Rande der **Halbinsel Guérande**, die sehr viel Abwechslung bietet: Salzgewinnung wie zu alten Zeiten, eine wilde Felsküste bei Le Croisic mit seinem Fischerhafen und Natur pur im Parc Régional de Brière, dem größten Torfmoorgebiet Frankreichs, wo Sie noch idyllische Fleckchen und seltene Vogelarten entdecken können. Sehr schön sind die Kahnfahrten durch den Park.

La Baule, in einer 15 Kilometer langen feinsandigen Bucht gelegen, gilt als der mondänste Ferienort der Bretagne.

Hotels/andere Unterkünfte

Bei rund 4000 Hotelbetten und Gästezimmern kann hier nur eine Miniauswahl getroffen werden.

Bellevue Plage
Strandhotel. Unterschiedlich ausgestattete Zimmer, Balkon und Meerblick.
27, bd. de l'Océan
Tel. 02 40 60 28 55, Fax 02 40 60 10 18
34 Zimmer
Obere Preisklasse

La Palmeraie
Ruhig gelegenes Hotel mit Blumengarten und schattiger Terrasse.
7, allée des Cormorans
Tel. 02 40 60 24 41, Fax 02 40 42 73 71
23 Zimmer
Mittlere Preisklasse

St-Bernard
Familiäres Stadthotel im älteren Stil, von Pinien umgeben.
6, av. des Evens
Tel. 02 40 60 32 02, Fax 02 40 42 73 62
7 Zimmer
Untere Preisklasse

St-Christophe
Sehr schönes Hotel aus den Anfängen des Tourismus, so richtig zum Wohlfühlen. Ruhige Lage mit Gartenterrasse, teilweise Balkon.
Pl. Notre-Dame
Tel. 02 40 60 35 35, Fax 02 40 60 11 74
28 Zimmer und 4 Suiten
Mittlere Preisklasse

Essen und Trinken

Le Maréchal
Für den, der ein rustikales Ambiente liebt, genau die richtige Adresse. Vorzügliche Meeresfrüchte.
277, av. de Lattre de Tassigny
Tel. 02 40 24 51 14
Obere Preisklasse

Hermitage
Spitzenrestaurant mit hervorragender Küche. Gehört zu dem gleichnamigen Vier-Sterne-Hotel.
5, espl. Lucien-Barrière
Tel. 02 40 11 48 33
Luxusklasse

La Taverne Sant Lours
Speiseraum im konventionellen Dekor. Die Küche ist ausgezeichnet.
161, av. Mal.-de-Lattre-de-Tassigny
Tel. 02 40 60 94 95
Obere Preisklasse

Einkaufen

Zum mondänsten Seebad der Bretagne, das von einem entsprechend zahlungskräftigen Publikum besucht wird, gehört auch ein breites Angebot exquisiter Geschäfte. In den Straßen »Avenue de Gaulle«, »Quartier du Casion«, »Avenue de Lattre« konzentrieren sich schicke Boutiquen jeglicher Art. Die Auslagen reichen von Geschenkartikeln über Juwelen, Parfüm bis zur Hi-Fi-Anlage. Markt jeden Vormittag.

Am Abend

Kinos, Theater und Konzertveranstaltungen sorgen für abendliche Unterhaltung. Eine andere Art der Spannung bietet das Spielcasino. Hier und in weiteren Diskotheken, wie »Le Churchill« und »Le Grange«, kommen Nachtschwärmer auf ihre Kosten.

Service

Office du Tourisme
8, pl. de la Victoire, B.P. 161
44504 La Baule
Tel. 02 40 24 34 44
Fax 02 40 11 08 10

Ziele in der Umgebung

Batz-sur-Mer   ■ G 6
2700 Einwohner

Salz, Salz und nochmals Salz. Wie ein Patchwork-Muster wirken die Salinen beim Blick von dem 60 m hohen Kirchturm. Seit Generationen wird in den angrenzenden **Marais salant** das Salz in mühevoller Handarbeit dem Meer abgerungen. Durch ein ausgeklügeltes System von Kanälen bringt die Flut täglich Nachschub in die Becken, bis die Salinenarbeiter das Salz vorsichtig zusammenrechen können. Bei einer Fahrt mit dem Rad über die schmalen Straßen bieten sich viele Fotomotive. Am Wegesrand wird Salz und eingelegtes Salicorn – ein spezielles Kraut, das zu Fleisch und Salaten gegessen werden kann – angeboten.

Daß sich in der Technik der Salzgewinnung bis heute nur wenig verändert hat, zeigt das interessante **Musée Intercommunal des Marais Salants**, 29bis, rue Pasteur, an der Hauptstraße in Batz, tgl. 10–12 und 15–19, außerhab der Saison Sa und So 15–19 Uhr.

Le Croisic   ■ G 6
4400 Einwohner

Es gibt viele Gründe für eine Fahrt in die alte Hafenstadt: Da ist zum Beispiel die Lage auf einer Landzunge, mit der »Côte Sauvage« zum offenen Atlantik hin. Ganz im Westen gibt es gratis die schönsten Sonnenuntergänge. Das Zentrum Croisics erstreckt sich entlang der geschützten Nordseite der Landzunge, wo täglich die Fischer ihren Fang anlanden. Um eine Fischauktion mitzuerleben, müssen Sie allerdings schon sehr zeitig aufstehen. Für die Muschelzüchter beginnt mit zurückziehendem Meer die Arbeit auf dem weiten Sandteppich vor der Stadt.

Le Croisic ist bestens auf Urlauber vorbereitet. Entlang der Kaistraße wechseln sich die Souvenirgeschäfte, Salons de Thé und Restaurants ab.

»Le Bretagne« ist eine in Gourmetführern mehrfach ausgezeichnete Adresse, 11, quai de la petite Chambre, Obere Preisklasse.

Office de Tourisme
Place du 18 Juin 1940
44490 Le Croisic
Tel. 02 40 23 00 70

MERIAN-TIP

Das **Océarium in Le Croisic** vermittelt für ein paar Schritte das Gefühl, auf dem Meeresboden spazieren zu gehen. Gefahrlos kann man sich die Haifische von unten anschauen, behäbig schwimmen Rochen und andere riesige Fische um den Betrachter herum. Damit nicht genug, in dem »touchpool« gibt es Seesterne, Schnecken und Seegurken zum Anfassen. Hier erfährt man von der Geburt der Haifische bis zu den verschiedenen Muschelsorten sehr viel Interessantes. Av. de St-Goustan, Juli und Aug. tgl. 10–21, Juni bis Mitte Juli 10–19, sonst tgl. 10–12 und 14–19 Uhr
■ G 6

Guérande ■ H 6

11 600 Einwohner

Wer Dinkelsbühl in Süddeutschland kennt, weiß, was ihn erwartet: eine sehenswerte Altstadt, umgeben von einem kreisrunden Verteidigungsring – nur ist Guérande etwas kleiner ausgefallen als die Partnerstadt. Die Innenstadt **Ville close** wird im Sommer von den Urlaubern beherrscht. Das Auto sollten Sie angesichts der schmalen Gassen freiwillig außerhalb parken. Im wuchtigen Haupttor »Porte St-Michel« ist heute das Heimatmuseum eingerichtet. Vieles dreht sich um das »weiße Gold«, aber auch Trachten, Möbel, Waffen u.a. sind zu sehen (tgl. 10–12.30 und 14.30–19 Uhr). In der romanisch-gotischen Kirche **St-Aubin** werden im Sommer einmal pro Woche Orgelkonzerte veranstaltet.

Auf dem Weg von La Baule nach Guérande liegt das **Château de Careil** (14.–16. Jh.), das einen Zwischenstopp lohnt.

Office de Tourisme
1, pl. du Marché-au-Bois
44350 Guérande
Tel. 02 40 24 96 71, Fax 02 40 62 04 24

Parc Régional de Brière ■ H 5/H 6

Seit 1970 steht das größte Torfmoor Frankreichs unter Schutz. Eine faszinierende Sumpflandschaft, die von Kanälen durchzogen ist, auf denen sich die Brièrebewohner mit flachen Holzkähnen fortbewegten. Heute werden Bootsfahrten (»promenade en barque«) für Touristen angeboten, so beispielsweise im Weiler St-Lyphard. Im Ort Ile de Fédrun ist ein Haus mit der ursprünglichen Einrichtung zu besichtigen (Juni–Sept.). Das alte Ensemble im Weiler Kerhi-net (im Osten an der D 47) wurde wieder vollständig restauriert. In St-Malo-de-Guersac wurde ein botanischer Lehrpfad angelegt, von dem aus man die große Vielfalt der Brièrevögel beobachten kann.

Office de Tourisme de Brière
Maison du Sabotier
2, rue des Exluses
44410 La Chapelle-des-Marais
Tel. 02 40 66 85 01
Ab La Baule über die D 127 bis St-André-des-Eaux, dann über die D 47 im Uhrzeigersinn um die Brière herum (ca. 75 km)

La Roche-Bernard ■ H 5

760 Einwohner

Auf einem Felsen über der Vilaine liegt La Roche-Bernard. Im Ausflugsboot der Vedettes Jaunes kann man sich über den schönsten Flußabschnitt fahren lassen. Das Auto parken Sie besser gleich am Hafen und gehen über den Serpentinenweg in die Oberstadt hinauf. Weiter Blick. Schon die Wikinger hatten die Lage genutzt, um die Wasserstraße zu kontrollieren. An die Blütezeit, als La Roche-Bernard noch an der Salzstraße nach Guérande lag und in den Werften die modernsten Schiffe gebaut wurden, erinnern die Häuser um die Place du Bouffary. Im Château des Basses-Fosses, dem Haus eines wohlhabenden Salzhändlers, zeigt das **Musée de la Vilaine Maritime** den Alltag der Schiffsleute und die Geschichte der Stadt.
In der Saison tgl. 10–19 Uhr,
So mittags, Di geschl.

Office de Tourisme
Im »Maison du Canon« aus dem 16. Jh.
Pl. du Pilori
56130 La Roche-Bernard
Tel. 02 99 90 67 98

Carnac
■ F 5

4200 Einwohner

Auf der einen Seite, an der Baie de Quiberon, erstrecken sich familienfreundliche Sandstrände, auf der anderen das größte Megalithfeld Europas, dazwischen liegt das lebhafte Badeviertel Carnac-Plage. »Hinkelsteine« finden Sie um Carnac zu Tausenden, aufgestellt in kilometerlangen Reihen als Alignement, im Halbkreis zu einem Cromlec'h angeordnet oder einzeln als riesige Menhire zwischen Heidekraut. Bis heute liegt die Bedeutung der Anlagen weitgehend im Dunkel ihrer 4000- bis 7000jährigen Vergangenheit. Sehen einige Wissenschaftler darin Kultstätten, vertreten andere mehr die astronomische Theorie, nach der die Anordnung der Steine im Zusammenhang mit den Gestirnen steht. Über die Verwendung der Dolmen bzw. des Tumulus als Grabstätte einer oder mehrerer Personen ist man sich dagegen weitgehend einig. An die übermenschlichen Kräfte eines Obelix bei der Aufrichtung der tonnenschweren Granitquader glauben nur die wenigsten. Alle bisher bekannten Techniken erforderten einen großen Einsatz von Menschen, also auch eine gute Organisation. An der **Route des Alignements** kann man nach einem ausgiebigen Badetag bei Sonnenuntergang die Steinreihen betrachten und sich seine eigenen Gedanken über die mystischen Kultstätten machen.

Von dem »Zentrum der Megalithkultur« ist es nur ein Katzensprung auf die Belle-Ile; Ausflüge lassen sich aber auch nach Vannes, in das Städtchen Auray oder an die Côte Sauvage bei Quiberon unternehmen.

Die über 3000 Menhire auf den Megalithfeldern von Carnac sind Relikte einer unbekannten Kultur.

SEHENSWERTE ORTE UND AUSFLUGSZIELE

Hotels/andere Unterkünfte

Le Bateau Ivre
Modernes Strandhotel zwischen
Pinien, Swimmingpool direkt
vor den Balkons; das Meer
nebenan.
70, bd. de la Plage
Tel. 02 97 52 19 55, Fax 02 97 52 84 94
18 Zimmer
Mittlere Preisklasse

Le Diana
Komfortables Vier-Sterne-Hotel
am Strand.
21, bd. de la Plage
Tel. 02 97 52 05 38, Fax 02 97 52 87 91
33 Zimmer
Obere Preisklasse

Du Tumulus
Angenehmes Stadthotel mit beheiz-
tem Pool und Garten.
31, rue du Tumulus
Tel. 02 97 52 08 21, Fax 02 97 52 81 88
25 Zimmer
Mittlere Preisklasse

Camping
Rund 20 Anlagen unterschiedlicher
Ausstattung in Carnac und Umgebung. Einige direkt bei den Alignements zwischen Pinien.

Spaziergang

Ein Spaziergang durch die mystischen Stätten der Jungsteinzeit im
Norden Carnacs empfiehlt sich am
späten Nachmittag, wenn die Sonne
die Steine eindrucksvoll beleuchtet. Entlang der **Route des
Alignements** (D 196) erstrecken
sich über mehrere Kilometer die drei
bedeutendsten Steinreihenfelder
der Welt. Möchten Sie alle besichtigen, ist bei den Entfernungen ein
Fahrrad das beste Fortbewegungs-
mittel. Zum Schutz der Kultstätten
sind die Steinreihenfelder einge-

TOPTEN
6

zäunt. Empfehlenswerter Ausgangspunkt für eine Besichtigung ist der
Parkplatz beim **Archéoscope**, wo Sie
sich bei einer Multimediashow auf
die Megalithepoche einstimmen lassen können (tgl. Vorführungen auch
auf Deutsch). Die **Alignements du
Ménec** liegen gleich vis à vis. Die
längste Steinsetzung wird nach
1,2 km Länge von einer halbkreis-
förmigen Anordnung begrenzt, die
zwischen Häusern nur schwer als
solche zu erkennen ist. Mit über
1100 Steinen ist Ménec das kom-
pletteste der drei Alignements.

Weiter östlich beginnen die **Alignements de Kermario**. Über 1000
Menhire wurden hier in zehn Reihen
aufgestellt, von 6 m Größe systematisch kleiner werdend. Schautafeln
bringen etwas Licht in das Dunkel
der Vergangenheit. Bretonische Bezeichnungen wie Men-Hir = Groß-
Stein und Dol-Men = Stein-Tisch
sind als feste Begriffe in den Jargon
der Wissenschaft eingegangen. Am
Ende führt ein kurzer Abstecher zum
Tumulus de Kercado auf dem Gelände des gleichnamigen Château. Als
Entstehungszeitraum des sehr gut
erhaltenen Ganggrabes wird die Zeit
um 3800 v. Chr. angenommen.

Den größten Menhir der gesam-
ten Anlage, **le Géant du Manió**, finden Sie etwas abseits der Straße
(bei dem Reitzentrum zu Fuß 15 Min.)
im Pinienwald. In dem angrenzenden Steinreihenfeld **Kerlescan** wurden 600 kleine Felsen quadratisch
angeordnet. Ihre Bedeutung ist un-
klar. Den Abschluß der »Reise in die
Vergangenheit« bildet der **Dolmen
de Kerlescan** im Osten.

Es ist durchaus möglich, daß sich
zwischen den drei Alignements im
Neolithikum weitere Menhirreihen
befanden, die im Laufe der Jahrtausende entfernt wurden. Dies hätte
eine »Kultstätte« von rund 4 km
Länge ergeben.

Sehenswertes

Austernzucht
An der Engstelle der Anse du Pô
werden Austern und Muscheln
gezüchtet. Hier kann man dabei zu-
sehen, wie die flachen Kähne ent-
laden werden, und die Delikatesse
ganz frisch kaufen.

Saint-Colomban
Am Rande des Badebereichs bildet
das Dorf ein geschlossenes Ensemble alter Granithäuser. Selbst der
Brunnen und die Viehtränke sind
noch erhalten. Die Renaissance-
kapelle stammt aus dem 16. Jh.

Saint-Cornély
Daß die Kirche in Carnac-Bourg dem
Schutzpatron der »gehörnten Tiere«
geweiht ist, läßt sich an den Bildern
der Außenwand neben der Statue
des Heiligen erkennen.

Tumulus Saint-Michel
Benannt wurde die Anlage nach der
Kapelle, die auf dem 7000 Jahre
alten Grabhügel steht. Er zählt zu
den größten der Megalithepoche.
Auf 125 m Länge und 60 m Breite
befinden sich zwei Grabkammern
und mehrere sogenannte Stein-
kistengräber.
Am nördlichen Ortsrand

Museum

Musée de Préhistoire
Das ausgezeichnete Museum zählt
zu den führenden der Welt zum
Thema Prähistorie. Im Zeitraffer werden 450 000 Jahre Geschichte didak-
tisch anschaulich präsentiert. Alle
wichtigen archäologischen Funde der
Gegend sind hier zu sehen.
10, pl. de la Chapelle
Juli und Aug. tgl. 10–18.30, Juni
und Sept. tgl. außer Di 10–12/
14–18 Uhr, sonst tgl. außer Di
10–12 und 14–17 Uhr

Essen und Trinken

Auberge de Kerank
Rustikaler Rahmen mit viel Natur-
stein. In bretonischen Trachten wird
hier das Essen serviert.
3 km außerhalb von Carnac
Rte. de Quiberon
Tel. 02 97 52 35 36
Mo und Di vormittag geschl.
Obere Preisklasse

Service

Office de Tourisme
74, av. des Druides
56342 Carnac-Plage
Tel. 02 97 52 13 52
Fax 02 97 52 86 10

*Üppig blühende
Hortensien auf
der »schönen
Insel«, der
Belle-Ile.*

SEHENSWERTE ORTE UND AUSFLUGSZIELE

Ziele in der Umgebung

Belle-Ile ■ E 6/F 6
4500 Einwohner

Sie ist nicht nur die schönste – wie der Name schon sagt –, sondern auch die größte bretonische Insel. Trotzdem sind ihre Dimensionen so, daß man die Insel mit dem Fahrrad an einem Tag erkunden kann (17 km lang, 5–10 km breit). Vom Hauptort **Le Palais** führen die Straßen in alle Himmelsrichtungen. Die besten Badestrände liegen im Nordosten: Feinster Sand erwartet einen am Plage des Grands Sables. Wild wird die Küste zum offenen Atlantik hin. Höhepunkte sind hier die bizarren Felsen beim **Port-Coton** nahe dem großen Leuchtturm, die Felsen von **Port-Donnant** und die Küste bei der **Apothekergrotte** im Nordwesten. Die Schönheit der Insel hatte sich in den gehobenen Kreisen schon früh herumgesprochen. Zu ihren Stammgästen zählte im letzten Jahrhundert die Schauspielerin Sarah Bernhardt, die von der Nordspitze so angetan war, daß sie sich das Fort an der Pointe des Poulains zu ihrem Sommersitz ausbauen ließ. Im Museum der sternförmigen Festung in Le Palais kann man u.a. Fotos von ihr und ihren Freunden sehen. Die häufige Überfahrt von Quiberon nach Le Palais dauert 45 Minuten.

Erdeven ■ F 5
2500 Einwohner

Im Westen erstrecken sich vor dem Ort Erdeven die **Alignements de Kerzerho** direkt neben der Straße D 781. 1129 Menhire, die teilweise in einem Wäldchen stehen, sind hier bis zu 5 m hoch. In unmittelbarer Nähe liegen die Dolmen von **Crucuno** und von **Mané-Croc'h**, beide mit gewaltigen Abdeckplatten.

Locmariaquer ■ F 5
1200 Einwohner

Bedeutende Megalithfunde wurden im Umkreis des kleinen Ortes am Golfe du Morbihan entdeckt: 350 Tonnen wiegt der **Grand Menhir**, der mit 20,40 m der größte vorgeschichtliche Steinzeuge der Bretagne ist. In vier Teile zerbrochen, gibt er Anlaß zu vielen Rätseln. Nicht zuletzt die Frage, wie der Riesenfels von der Halbinsel Quiberon an diese Stelle transportiert wurde, bleibt ungeklärt. Der Dolmen **Table des Marchands** ist durch seine Gravierungen bemerkenswert. Die zahlreichen Funde aus dem Tumulus d'er Vinglé befinden sich heute im Museum von Carnac.

Quiberon ■ F 5
4600 Einwohner

Die schmale Halbinsel von 15 km Länge ist an ihrer »Taille« gerade mal so breit, daß die Zufahrtsstraße und die Eisenbahntrasse darüber geführt werden können. Die Urlauber zieht es im Hochsommer an die herrlichen Sandstrände. Brandungssurfer kommen hier ebenso auf ihre Kosten wie Neulinge auf dem Brett. Bei Ebbe werden weite Sandflächen für die Strandsegler frei. Im Westen lassen sich entlang der Côte Sauvage lange Küstenspaziergänge unternehmen. Das Meer hat die Felsen zu kleinen Grotten und Bögen ausgewaschen, die im Licht der untergehenden Sonne besonders fotogen wirken. Für Camping- und Hotelübernachtungen sowie ein breites Sportangebot ist bestens gesorgt. Vom Hafen legen die Boote zu den vorgelagerten Inseln ab.
Office de Tourisme
14, rue de Verdon
56170 Quiberon
Tel. 02 97 50 07 84

Vannes – Golfe du Morbihan

■ G 5

45 000 Einwohner
Stadtplan → S. 93

Die »Ville d'Art et d'Histoire« – so präsentiert sich die Hauptstadt des Départements Morbihan – ist im Sommer Anziehungspunkt der Straßenmusikanten und Touristen. Wie zu alten Zeiten liegen die Boote dicht vor dem Stadttor. Um die Kathedrale wäre das mittelalterliche Bild nahezu perfekt, wenn da nicht die Postkartenständer wären und der Minizug, der seine Besichtigungsrunden dreht. Außerhalb der Stadtmauern, die großteils erhalten sind, hat sich das Vannes des 19. und 20. Jahrhunderts ausgebreitet.

Von hier aus lassen sich sehr gut die Ausflugsziele in und um den Golfe du Morbihan erreichen. Viele hundert Inseln und Inselchen, die je nach Gezeitenstand mal mehr oder weniger werden, ragen aus dem »kleinen Meer« (bretonisch Mor Bihan) hervor. Bedeutende Megalithdenkmäler lassen auf eine bewegte Zeit vor 4000 bis 6500 Jahren schließen. Nachdem sich der Golf erst vor geraumer Zeit durch den Anstieg des Meeresspiegels bildete, findet man heute sogar einige Megalithfunde auf Inseln oder vom Meer umspült.

Die entscheidende Seeschlacht der Römer gegen die Veneter ging am Golf vor den Augen Cäsars zugunsten der Eroberer aus. Größte Bedeutung erhielt die Stadt im Mittelalter als Tagungsort des bretonischen Parlaments. 1532 wurde hier die Union des Herzogtums Bretagne mit Frankreich unterzeichnet.

Die malerische und lebendige Altstadt von Vannes ist ein beliebtes Touristenziel.

SEHENSWERTE ORTE UND AUSFLUGSZIELE

Hotels/andere Unterkünfte

Aquarium Hôtel südlich ■ b 3
Mehrstöckiges, modernes Hotel im
Grünen gelegen.
Parc du Golfe
Tel. 02 97 40 44 52, Fax 02 97 63 03 20
48 Zimmer
Mittlere Preisklasse

Le Marina ■ b 3
Zwei-Sterne-Hotel mit Blick auf den
Yachthafen. Am Rande der Altstadt
gelegen, ist es ein gutes Quartier,
um das Flair der historischen Stadt
zu genießen.
4, Place Gambetta
Tel. 02 97 47 22 81, Fax 02 97 47 00 34
14 Zimmer
Mittlere Preisklasse

Le Roof südwestlich ■ b 3
Ein Drei-Sterne-Hotel in einmaliger
Lage direkt am Golf. Vom Balkon
Blick zu den Segelbooten und dem
Meer.
Presqu'île de Conleau
Tel. 02 97 63 47 47, Fax 02 97 63 48 10
41 Zimmer
Mittlere/Obere Preisklasse

Camping südwestlich ■ b 3
Rund ein Dutzend Campingplätze
verteilen sich am Golfe du Morbihan.
Die der Stadt nächste gelegene
Anlage »Conleau« liegt auf der
gleichnamigen Halbinsel. Busver-
bindung ins Zentrum. Offen von
April–Ende Sept.
Tel. 02 97 63 13 88, Fax 02 97 40 38 82

Spaziergang

Ausgangspunkt ist die Place Gambetta am Yachthafen. Durch das
ehemalige Stadttor **Porte St-Vincent**
erreichen Sie nach wenigen Schritten die Place des Lices mit der alten
Markthalle. Die Fachwerkhäuser
setzen sich in den Seitenstraßen
Rue P. René Rogue und **Rue des
Halles** fort. Aus dem 15. Jh. stammt
das Haus mit dem beliebten Foto-
motiv: »Vannes et sa femme« – zwei
geschnitzte Frauenbüsten an der
Ecke des Antiquitätengeschäftes. Im
Château Gaillard gegenüber tagte
das bretonische Parlament, heute
ist hier das prähistorische Museum
untergebracht. Der Spaziergang
durch die Fußgängergasse mit zahlreichen Restauranttischen im Freien
setzt sich am Ende links in der **Rue
St-Salomon** fort. Bei den verlocken-
den Auslagen lassen sich die alten
Fachwerkfassaden schnell über-
sehen. Originelle Tierfiguren beispielsweise besitzt das Haus Nr. 13.
Gehen Sie auf der Hauptstraße **Rue
Thiers** rechts hoch, sehen Sie nach
wenigen Schritten zur Linken das
repräsentative Rathaus der Stadt.
Die Fußgängergasse **Rue Emile
Burgault** führt von hier aus wieder
in die Altstadt zur **Place Henri IV**:
Auf der einen Seite ist zwischen
Fachwerkhäusern die Kathedrale
zu sehen, auf der anderen kontra-
stiert die Architektur der Jahrhundertwende. Gegenüber dem
prächtigen Eingangsportal der Kathedrale befindet sich die ehemalige Markthalle »La Cohue«, in der
das Kunstmuseum eingerichtet ist.
Der Rundgang führt an der Längs-
seite der Kathedrale entlang zur
Porte Prison, die einst von den Ge-
fängnistürmen gesäumt war. Sind
die Stadtmauern zugänglich, können Sie alternativ auf ihnen bis zur
Rue des Vierges weitergehen. Nach
dem Stadttor rechts geht es entlang
dem Blumenpark »Jardins des Rem-
parts« vor den restaurierten Stadtmauern (14.–15. Jh.). Die mächtige
Tour de Connétable stammt von
1425. Das Waschhaus (Anfang des
19. Jh.) am Ufer des Flüßchens Marle
ist eines der wenigen erhaltenen
Beispiele dieser Art in der Bretagne.

Das schlichte **Château de l'Hermine**, eingekeilt von den Stadtmauern, war einst Sitz der bretonischen Herzöge. Durch die anschließende **Porte Calmont** (14./15. Jh.) gelangt man zum Ausgangspunkt zurück. Dauer etwa 1–1$^1/_2$ Stunden.

Sehenswertes

Aquarium südlich ■ b 3
Schon die Architektur des Aquariums am Eingang des Golf ist bemerkenswert. Vom Seepferd über Haifische bis hin zum ausgewachsenen Krokodil tummelt sich viel Exotisches in rund 50 Becken.
Parc du Golfe
Juni–Aug. tgl. 9–19, sonst 9–12 und 13.30–18.30 Uhr

Cathédrale St-Pierre ■ c 2
An der vorwiegend spätgotischen Kathedrale wurde 600 Jahre lang gebaut und immer wieder Veränderungen vorgenommen. Im 13. Jh. begannen die Arbeiten für das dritte Gotteshaus an dieser Stelle. Die runde Seitenkapelle (1536–1537) gilt als einmaliges Beispiel der Renaissancearchitektur in der Bretagne. Hier werden die Reliquien des hl. Vinzenz verehrt, der 1419 in Vannes bei einer Andacht starb. Hinter dem Chorumgang liegt der Eingang zu einer weiteren gotischen Kapelle.

Hôtel de Ville ■ a 1/a 2
Das wuchtige Rathaus an der Place Marchais stammt von 1862. Vom Architekten A. Charier im klassizistischen Stil entworfen.

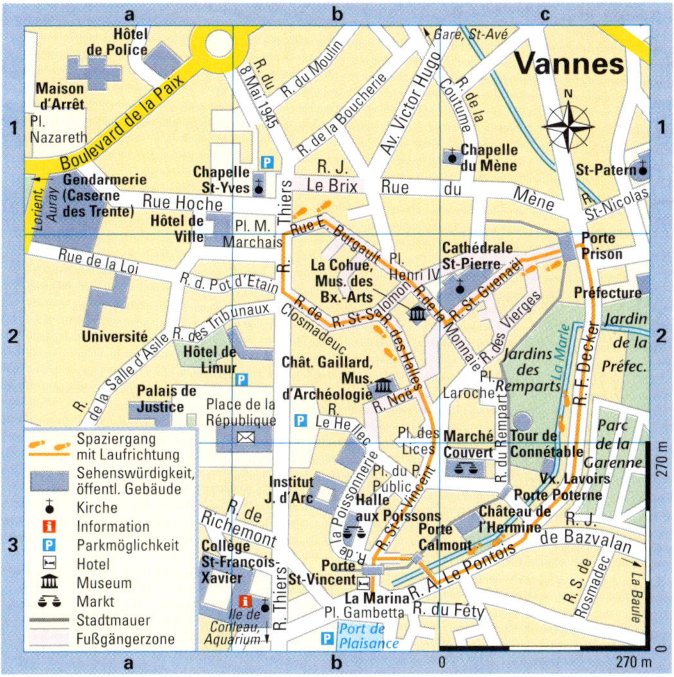

Vannes

Spaziergang mit Laufrichtung		
Sehenswürdigkeit, öffentl. Gebäude		
Kirche		
Information		
Parkmöglichkeit		
Hotel		
Museum		
Markt		
Stadtmauer		
Fußgängerzone		

SEHENSWERTE ORTE UND AUSFLUGSZIELE

Le Jardin aux Papillons
südlich ■ b 3
Bananenstauden, Palmen und Hunderte von bunten Schmetterlingen. In dem großen Raum schwirren sie frei umher. Auf dem Weg von Blüte zu Blüte machen sie manchmal auch einen Zwischenstopp auf den Schultern der Besucher.
Parc du Golfe
Juli, Aug. tgl. 10–19,
sonst 10–12 und 14–18 Uhr

Museen 🏛

Musée d'Archéologie ■ b 2
In den alten Gemäuern des »Château Gaillard« ist eines der sehenswertesten Museen zum Thema Vorgeschichte eingerichtet.
2, rue Noë
April–Sept. tgl. außer So 9.30–12 und 14–18 Uhr, sonst Mo–Sa 14–18 Uhr

Musée des Beaux-Arts ■ b 2
Neben Gemälden, Radierungen und Skulpturen des 19. Jh. sind auch Möbel und Kunstgegenstände zu betrachten. Wechselausstellungen.
Pl. St-Pierre

Tgl. 10–12 und 14–18 Uhr,
Okt.–Mai Di und So vormittags geschl.

Essen und Trinken ⊠

La Jonquière ■ b 2
Freundliches Restaurant in der Altstadt. Tische stehen im Sommer auch auf der Fußgängerstraße.
9, rue des Halles
Tel. 02 97 54 08 34
Mittlere Preisklasse

Le Pressoir nordöstlich ■ b 1
Dieses Spitzenrestaurant ist in einer ehemaligen Scheune eingerichtet. Serviert werden bretonische Spezialitäten.
4 km nördlich in St-Avé
7, rue de l'Hôpital
Tel. 02 97 60 87 63
So abends und Mo geschl.
Luxusklasse

Régis Mahé nordöstlich ■ b 1
Das Restaurant am Bahnhof gehört zu den besten Adressen der Stadt.
Pl. de la Gare
Tel. 02 97 42 61 41
Luxusklasse

MERIAN-TIP

Tumulus de Gavrinis – ein Ausflug in die Vergangenheit
Das wohl beste Beispiel eines Hügelgrabs liegt auf der kleinen Insel Gavrinis. 100 m Umfang mißt der Cairn (Steinhügel, ca. 5500 Jahre alt), in dem sich der Dolmen verbirgt. Fast alle der 50 Felsplatten sind mit Gravuren versehen, was in dieser Häufigkeit äußerst selten vorkommt. Waren es religiöse Symbole? Den Wissenschaftlern geben sie viele Rätsel auf. Ebenso die jüngste Entdeckung, daß einige Steine bereits im Neolithikum als Stele gedient hatten. Fähre vom Weiler Larmor-Baden. Geführte Besichtigung, im Sommer etwa alle halbe Stunde. ■ F 5

La Voile d'Or ■ b3

Wie auch die anderen Lokale und Bistros am Eingang der Altstadt besticht das Hotelrestaurant durch den Blick zum Hafen.
Pl. de Gambetta
Tel. 02 97 42 71 81
Mittlere Preisklasse

Einkaufen 🗋

Abistos Broc's ■ b2
Hier bekommen Sie Spitzendeckchen aller Art, selbst die traditionellen Coiffes stehen zur Wahl.
7, rue des Closmadeuc

Antiques Quattrocento ■ c3
In dem kleinen Antiquitätenladen macht das Stöbern Spaß. Neben der Markthalle.
2, rue Porte Poterne

La Tapenade ■ b2
Kulinarische Köstlichkeiten der Bretagne – wer könnte da widerstehen, einen Chouchen, Calvados oder Caramels **au beurre salé** zu kaufen.
23, rue des Halles

Service 🛈

Office du Tourisme ■ b3
Nahe dem Hafen, in einem historischen Fachwerkhaus.
1, rue Thiers
56000 Vannes
Tel. 02 97 47 24 34, Fax 02 97 47 29 49

Bootsausflüge
Erst vom Boot aus wird der besondere Charakter des Golfs mit seinen vielen Inseln und Austernparks so richtig deutlich. Die Ausflugsboote legen in Vannes beim Parc du Golfe und in Auray ab. Bei manchen Touren ist ein Aufenthalt auf den beiden größten Inseln **Ile aux Moines** oder **Ile d'Arz** möglich.
Info im Touristenbüro

Ziele in der Umgebung

Auray ■ F5
10 300 Einwohner

An warmen Sommertagen wird der idyllische Flußhafen von Auray zum Ausflugsmagnet. Vor den historischen Fassaden im alten Viertel St-Goustan haben die Restaurants und Cafés ihre Stühle auf dem Kopfsteinpflaster stehen. Segelboote liegen in der Flußschleife, dort, wo einst Handelsschiffe ihre Waren umgeschlagen hatten. Heute sind die ehemaligen Treidelpfade Spazierwege. Von der **Promenade du Loch** ergibt sich der beste Blick auf das schmucke Viertel. Die Oberstadt ist über die steile Fußgängerstraße **Rue du Château** mit dem Hafen verbunden.

Die bedeutendste Prozession der Bretagne findet Ende Juli im 6 km entfernten Nachbarort **Ste-Anne-d'Auray** statt. Zehntausende von Pilgern und Schaulustigen zieht es dann in den kleinen Ort.

TOPTEN 9

Presqu'île de Rhuys ■ F5/G5

Wie die Zange eines großen Krebses umschließt die Halbinsel auf der Ostseite den Golfe du Morbihan. Über die gerade mal 2 km breite Öffnung zum Meer wird das Wasser bei Port-Navalo mit den Gezeiten hinein- und hinausgepreßt. Der **Tumulus von Tumiac**, kurz vor Arzon, ist der bedeutendste Grabhügel in diesem Gebiet. Von dem **Château de Suscinio** auf der Südseite der Halbinsel sind die wuchtigen Außenmauern, flankiert von sechs Türmen, erhalten. Die Wasserburg aus dem 13./14. Jh. war zeitweilig Sitz der bretonischen Herzöge. Archäologisches Museum (ganzjährig geöffnet).

Tour de Calvaire

Einzigartig sind die Kalvarienberge der Bretagne. Viele Skulpturen erzählen in Stein gemeißelt die Leidensgeschichte Christi.

Die Tour durchs Zentrum des Finistère (Westbretagne) führt zu den bedeutendsten umfriedeten Pfarrbezirken der Bretagne, die im ausklingenden Mittelalter durch den Wetteifer damals reicher Tuchmacherstädte zu einzigartigen Kunstwerken ausgeschmückt wurden. Dabei hat jeder **Enclos Paroissial** (umfriedeter Pfarrbezirk) seine Eigenart. Auf den ersten ca. 50 Kilometern bis St-Thégonnec liegen die Dörfer so dicht beieinander, daß dieser Teil der Besichtigungstour auch per Rad an einem Tag bewältigt werden kann (einige Steigungen).

Die umfriedeten Pfarrbezirke sind eine kunsthistorische Eigenart der Bretagne

Ausgangspunkt der Fahrt ist die Stadt **Landerneau** an der Elorn, die im späten Mittelalter Umschlagplatz für Tuche aus dem Hinterland war. Einige schieferverkleidete Häuser sind auf der alten Brücke (bereits 1510 erbaut) bis heute erhalten. Vier Kilometer schlängelt sich die D 712 am Flußufer entlang, bis es steil nach La Roche-Maurice hinaufgeht. Am Rande des Dorfes findet man den umfriedeten Pfarrbezirk.

Eine Burgruine aus dem 12. Jahrhundert beherrscht La Roche-Maurice

Der Tod als Inspirationsquelle

Solche Enclos Paroissiaux bestehen im Finistère neben der Kirche und dem Friedhof aus einem sehr unterschiedlich ausgeschmückten Calvaire und einem Beinhaus. Das gesamte Ensemble ist von einer Mauer umgeben, wobei der Eingang manchmal zu einem gigantischen Triumphbogen ausgeschmückt wurde. Die hohe Schwelle sollte Geister fernhalten. In La Roche-Maurice schmückt einer der wenigen Holzlettner der Bretagne die Kirche St-Yves. Neben vielen kleinen Details lassen sich Grimassen am Ende der Strebepfeiler ausmachen. Das Beinhaus (Ossuaire) wurde hier

Das Chorfenster von 1529 der Kirche St-Yves erzählt die Passionsgeschichte

besonders prächtig ausgeführt. Diese Renais-
sancebauwerke kamen erst später zum Enclos
Paroissial hinzu, als der Friedhof zu klein wurde.
Die ausgegrabenen Gebeine erhielten hier – fein
säuberlich sortiert und beschriftet – eine zweite
Ruhestätte. Der Tod links deutet auf die schon
stark verwitterten Basreliefs hin, die Bürger jeden
Standes darstellen, nach dem Motto: keiner wird
von mir verschont… Im fünf Kilometer entfernten
Ploudiry wiederholen sich diese Szenen, sind
aber besser erhalten. Das Nachbardorf La Martyre, 1,5 Kilometer entfernt, hat im Vergleich zu
seiner Einwohnerzahl einen überaus großen
Enclos Paroissial. Durch seinen Triumphbogen,
auf dem der bescheidene Calvaire plaziert wurde,
betreten Sie das Ensemble. Sehenswert ist hier
die älteste Vorhalle (von 1455), eine in der Bretagne immer wiederkehrende Bauweise mit ihren
sehr gut erhaltenen Aposteln zu beiden Seiten.
Zwischen dem reichen Figurenschmuck kann
man zur großen Überraschung einen Golfspieler
(rechte Seite!) entdecken. Über dem Weihwasser-
becken lauert ein kleiner Teufel. Acht Kilometer
sind es bis Sizun, dessen Enclos Paroissial mit
der größten und schönsten Triumphpforte aufwarten kann. Im Vergleich zu den drei wuchtigen
Bögen wirkt der Calvaire geradezu bescheiden.
Die Apostelstatuen an dem Beinhaus, in dem
jetzt Postkarten verkauft werden, zeigen Reste
früherer Bemalung. Den Kirchenchor ziert ein
wuchtiger Barockaltar, die Außenfassade wird
von einem Fries mit verwitterten Figuren umgeben. Von dem lebhaften Ort führt die D 764 und
D 30 Richtung Landivisiau.

*Drei Christus-
darstellungen
findet man auf
dem Kalvarien-
berg von La Mar-
tyre*

*Die außer-
gewöhnliche
Triumphpforte
von Sizun wurde
zwischen 1588
und 1590 ge-
schaffen*

Prächtige Kirchen

Es lohnt sich der Schlenker in das fast ausgestor-
bene Dorf **Locmélar**. Die sehr schön restaurierte
Kirche weist eine ungewöhnliche Apsis auf. Vor
dem Eingang wird der Calvaire bereits mit mehreren Figuren geschmückt: Zwei römische Reiter
bewachen die Hingerichteten. Nach Lampaul-
Guimiliau gelangt man über eine kurvige Landstraße (7 Kilometer). Der vom Blitzschlag getrof-

*Die Spitze des
eleganten
Glockenturms
von Lampaul-
Guimiliau wurde
1809 vom Blitz
zerstört*

TOPTEN
10

fene Kirchturm ist schon von weitem zu erkennen. Dieser Enclos Paroissial zeichnet sich durch das prächtige Interieur der Kirche aus. Die Leidensgeschichte Christi wird sowohl im Triumphbalken dargestellt als auch sehr detailliert mit 80 Figuren nochmals im Passionsaltar links vom Chor. Das vier Kilometer entfernte **Guimiliau** stellt mit seinem Calvaire alle bisherigen in den Schatten.

Leben – in Stein gemeißelt

Die Personen der 25 Szenen von Guimiliau tragen zum Teil ortstypische Trachten

Von der Geburt bis zur Auferstehung erzählen 200 Figuren in bewegten Szenen den Lebensweg Christi. Die Freude, mit der beispielsweise zwei Soldaten dem »König der Juden« die Krone aufsetzen, ist ihnen deutlich anzusehen. Besondere Beachtung findet die Höllenszene, bei der die barbusige Katel Gollet – vermutlich eine Dorfschöne – von den Teufeln in den Schlund gezogen und gestoßen wird. An dem Kirchenportal sollten Sie nicht achtlos vorbeigehen, es ist mit vielen Episoden aus dem Alten und dem Neuen Testament verziert. Die Ausstattung der Kirche ist weniger farbenprächtig als in Lampaul-Guimiliau, die Schnitzarbeiten in den Altären, der Kanzel und dem eleganten Taufbecken aus Eichenholz aber durchaus vergleichbar, stellenweise sogar kunstvoller. Für eine Verschnaufpause bietet sich das Relais du Calvaire an: Von der Terrasse hat man den gesamten Pfarrbezirk im Blick.

Der Folterknecht des Calvaire von Saint-Thégonnec soll Heinrich IV. ähneln

Auf Repräsentationen waren die Baumeister des Enclos Paroissial von Saint-Thégonnec (8 Kilometer entfernt) bedacht. Die Steinskulpturen im Calvaire sind klarer gearbeitet als in Guimiliau und ebenfalls sehr ausdrucksstark: Da setzen gerade zwei Soldaten zu einer Ohrfeige gegen Jesus an, dem die Augen verbunden sind; bei der Grablegung ist die Trauer unverkennbar; sehr eindrucksvoll auch die Darstellung der Wächter bei der Auferstehungsszene. Die Innenausstattung der Kirche ist im wesentlichen im Barockstil gehalten. Informationsbroschüren und Bildbände werden im ehemaligen Beinhaus verkauft.

Die weitere Fahrt führt über die D 785 durch die Hügellandschaft des Finistère bis zum 20 Kilometer entfernten **Roc Trévezel**, der mit 384 Meter höchsten Erhebung der Bretagne. Das Gebiet wurde 1969 zum **Regionalpark Armorique** erklärt und reicht bis zur Küste. Die östliche Begrenzung bildet der kleine Ort **Huelgoat**, den man nach 14 Kilometer über die D 764 erreicht. Von den beiden Seen aus sind zahlreiche Waldspaziergänge markiert. Durch das hügelige Inland geht es auf der D 14 nach **Pleyben**, wo sich ein Stopp bei der Kirche lohnt.

Im Forêt des Huelgoat mit Wasserfällen und Felsenmeeren sind schöne Spaziergänge möglich

An dem großartigen Calvaire (1550–1650) mit 200 Skulpturen haben mehrere Generationen gearbeitet. Deutlich sind bei der Grablegung die Tränen der Frauen zu sehen. Hier finden Sie auch die seltene Darstellung, wie Jesus in die Hölle hinabsteigt. Ebenso wie die Schächer sind auch die Heiligen Drei Könige im Stil des ausklingenden Mittelalters gekleidet.

Pleyben ist für seinen Pfarrbezirk und seine Butterplätzchen (galettes) berühmt

Der Renaissance-Glockenturm wurde erst später an die Kirche (16. Jahrhundert) angebaut. Die Kirchendecke ist als Himmelsgewölbe ausgeschmückt. Bunte Schnitzereien sind an den Balken zu erkennen.

Von Pleyben aus fährt man nach Quimper, 36 Kilometer sind es bis zur Küste bei Douarnenez.

Länge: Landerneau – Pleyben 125 km
Dauer: zwei Tage mit dem Pkw
Karte: → Klappe vorne

Die Skulpturen im Enclos Paroissial von Saint-Thégonnec von 1610 zeigen die Leidensgeschichte Christi.

Durch den wilden Westen

Schroffe Klippen ragen steil ins Meer, die Küste ist gespickt mit Leuchttürmen wie sonst nirgends in Frankreich.

Die Route führt an zahlreiche Kaps, mal sind sie grün überzogen, mal von bizarren Felsformationen geprägt, mal enden sie in aufgetürmten Felskolossen, allen gemeinsam ist die großartige Aussicht. Der Tagesausflug läßt sich sowohl in Brest als auch in Quimper beginnen. Als Verbindung zwischen den beiden Städten bietet sich das 83 Kilometer lange Autobahnstück an.

Das beschauliche Dorf **Le Faou** an der Mündungsbucht der Aulne war vor der Erfindung des Automobils Zwischenstopp der Postkutschen auf dem Weg nach Quimper. Einige Häuser mit ihrer typischen Schieferverkleidung blieben in der Hauptstraße erhalten. Aus dem späten Mittelalter stammen die geschnitzten Apostelstatuen in der Vorhalle der sehenswerten Dorfkirche (16. Jahrhundert). Von Le Faou aus geht es weiter an die Westspitze der **Crozon-Halbinsel**. Zu Anfang der D 791 bieten sich Ausblicke auf die Aulne-Schleife, in der nicht selten Militärschiffe ankern. Lohnenswert ist ein Abstecher zu den Klosterruinen

Die Kirche St-Saveur von Le Faou befindet sich oberhalb des Hafens

Entfesselte Naturgewalten kann man an der bretonischen Westküste erleben.

von Landévennec, das zu dem gleichnamigen Weiler auf der Landspitze gehört: Die Zerstörung der Anlage begann mit den Wikingern, das Ende brachte die Französische Revolution. Ganz im Westen der Crozon-Halbinsel schieben sich fingergleiche Kaps ins Meer.

Die Abtei von Landévennec (um 480 gegründet) gehörte zu den ältesten des Landes

Schauplätze der Geschichte

Zwischen den Ginsterbüschen entlang der Küstenstraße D 355 ergeben sich immer wieder neue Perspektiven auf die Militärbasen. Von der Pointe des Espagnols im Norden, den »goulet« (Flaschenhals), wie die Einfahrt in den größten Naturhafen Frankreichs genannt wird, kann der rege Schiffsverkehr in den Hafen von Brest optimal beobachtet werden. Das wußten schon die Spanier, die während der Glaubenskriege (1589) von hier aus vergeblich gegen die Protestanten vorgingen (daher der Name). Viele überwucherte Bunker aus der Zeit der deutschen Besatzung im Zweiten Weltkrieg. Möchten Sie Langusten, Krebse oder Seespinnen ganz frisch probieren und dies in einem authentischen Fischerdorf, vor der malerischen Kulisse verfallener Wracks? Dann sollten Sie einen Stopp in Camaret-sur-Mer zur Mittagszeit einplanen. Rettungsringe und Schiffsmodelle in der Kapelle **Notre-Dame-de-Rocamadour** erinnern an die Gefahren, die der Beruf des Fischers in den letzten Jahrhunderten mit sich brachte. In der Schlacht um Camaret (17. Jahrhundert) spielte der Verteidigungsturm des Festungsbaumeisters Vauban, am Ende des Damms gelegen, eine entscheidende Rolle.

Die »Schiffspforte« des Pointe des Espagnols ist nur zwei Kilometer breit

Camaret-sur-Mer – einer der größten Langusten- und Hummerhäfen in Frankreich

Höhepunkte der Natur

Im Ort zweigt die Stichstraße zur Pointe de Penhir ab, die zu den wildesten Kaps der Westküste gehört. Die Granitzacken ragen bis zu 70 Meter senkrecht aus dem Meer auf. Bei den vorherrschenden Westwinden knallen die Wellen mit voller Wucht an die Felswände, und die Gischt fegt bis zum Kriegsdenkmal hinauf. An sonnigen Tagen reicht die Fernsicht bis zur Ile d'Ouessant

Wohl die wildeste und eindrucksvollste Landzunge der Crozon-Halbinsel – Pointe de Penhir

im Norden und zur Pointe du Raz im Süden. Fußwege führen an Felswänden und gurgelnden Trichtern vorbei. An der benachbarten Pointe de Dinan hat das Meer einen Bogen aus dem Fels gewaschen, der als »Château« bezeichnet wird (Fußweg).

Die vorderen Gesteinsformationen der Pointe de Dinan ähneln einer Schloßruine

Der Hauptort **Crozon**, am Ende der D 8, geht nahtlos in den Badeort **Morgat** mit seinen langen Sandstränden über. Die geschützte Bucht eignet sich vortrefflich zum Surfen. Im Ausflugsboot werden Fahrten zu den Grotten angeboten. Von Morgat sind es zum **Cap de la Chèvre** am Ende der D 255 gerade noch sieben Kilometer. Heidelandschaft und Ginster bestimmen hier das Bild. Ein Fußweg führt an den Abgrund 100 Meter über dem Meer. Genauso schnell wie das Wetter verändern sich an der Westküste auch die Ausblicke: Mal erscheint die gegenüberliegende Halbinsel Pointe du Raz zum Greifen nahe, mal versteckt sie sich im Dunst.

Bei der Weiterfahrt über die D 887 führt die Straße bald durch Pinien- und Heidelandschaft. 21 Kilometer hinter Crozon zweigt eine Stichstraße zum Ménez-Hom ab. Mit 330 Meter ist er der höchste Küstenberg, von dessen Gipfel das Panorama bei klarer Sicht von der ausgefransten Küste des Finistère bis weit ins Hinterland reicht. Auf der von Heide überzogenen Rundkuppe »schwingen« sich am Wochenende die Drachenflieger in die Luft.

Hier, am Ménez-Hom, soll das Grab des legendären Königs Marke liegen

Auf dem Weg zur Pointe du Raz sollten Sie einen Bummel durch das mittelalterliche Dorf **Locronan** nicht versäumen (→ S. 81). Dort, wo die D 7 die Küste erreicht, liegen die feinen Sandstrände von **Douarnenez**. Beim Baden und Surfen (bei Flut) hat man die Silhouette der Hafenstadt im Blick. Das »Musée de Bateau« am Kai zeigt Fischerboote unterschiedlichster Bauart. Alle vier Jahre findet im Juli hier das internationale Treffen alter Segelboote statt. Aus allen Teilen Europas liegen dann die Prachtstücke im Hafen. Besonders farbig wird es, wenn die Oldtimer zu einer Rundfahrt in der Bucht auftakeln – das nächste Mal im Jahr 2000. Die Hauptstraße D 765 führt über den Höhenrücken der Halbinsel. In Pont-

In Douarnenez gibt es gleich vier Häfen

Croix zweigt die ausgeschilderte Strecke zum **Cap Sizun** ab. Die Klippenküste mit ihren kontrastreichen Farben steht unter Naturschutz (Réserve Naturel).

Gegen einen geringen Eintritt können die fest installierten Ferngläser kostenlos benutzt werden. Damit sind die unbeholfenen Trottellummen im Nestanflug, im Juni die flauschigen Jungvögel der Dreizehenmöwen an der Steilküste und die Krähenschaben draußen auf den Brandungsfelsen gut zu beobachten. Durch den Schutz können auf der Wiese seltene Küstenblumen wieder gedeihen.

Der höchste Punkt der Pointe du Van mißt 65 Meter

Von der 10 Kilometer entfernten Pointe du Van bietet sich die beste Perspektive auf den berühmteren Nachbarn **Pointe du Raz**. Die wilde Felsenklippe kündigt sich schon vorher durch große Busparkplätze, Souvenirverkauf, Crêperien und Hotelrestaurants am Ende der D 784 an. In Seefahrerkreisen war der Name mit Angst und Schrecken verbunden, ist die Westküste doch mit Riffen nur so gespickt. Gefahren, die man als »Landratte« durch die Zahl der Leuchttürme bis zum Archipel der Ile de Sein erahnen kann. An der angrenzenden Baie des Trépassés sollen der Überlieferung nach die Schiffbrüchigen angeschwemmt worden sein!

Bis zur Entdeckung Amerikas war an der Pointe du Raz die Welt zu Ende

Bis ans äußerste Ende des Kaps führt ein markierter Fußweg über einen Pfad, der zwischen Abgrund und hoch aufgetürmten Felsen (etwa 1^1/$_2$ Stunden, auch als geführte Tour möglich) verläuft. Im geschützten Flußhafen Audierne (15 Kilometer entfernt) liegen die Fischerboote in Dreierreihen. Von hier oder bei Ebbe vom drei Kilometer entfernten Sainte-Evette legt das Personenboot zur **Ile de Sein** ab.

In Audierne ist ein Spaziergang im Kapuzinergarten des ehemaligen Klosters zu empfehlen

Von Audierne kann man entweder direkt nach Quimper fahren oder man sucht sich einen abgelegenen Sandstrand an der kilometerlangen **Baie d'Audierne**, die bis zum Fischerdorf St-Guénolé an der Pointe de Penmarc'h reicht.

Dauer: ausgedehnte Tagestour, besser zwei Tage
Karte: → Klappe vorne

ROUTEN UND TOUREN

Durch die Ostbretagne

Hier sind die Burgen wie auf einer Perlenkette aufgereiht. Die Orte haben sich ihren ursprünglichen Charakter bewahrt.

Die Route führt durch die Grenzorte der Bretagne, die, mit Burgen stark befestigt, wiederholte Übergriffe Frankreichs auf den kleinen unabhängigen Staat im äußersten Westen verhindern konnten. Erst durch eine geschickte Heiratspolitik gelang es, die Bretagne dem großen Nachbarn anzugliedern.

In Dol-de-Bretagne lohnen die gotische Kathedrale und zahlreiche mittelalterliche Häuser den Aufenthalt

Von St-Malo aus führt die D 4 nach **Dol-de-Bretagne**. Wie der Wandteppich von Bayeux (in der Normandie) zeigt, war der Ort auf dem Hügel schon zur Wikingerzeit befestigt. Windschiefe Fachwerkhäuser bezeugen in dem Kathedralstädtchen heute noch die lange Vergangenheit. Zwei Kilometer vom Ortsausgang entfernt steht mit 9,30 Metern einer der größten Menhire der Bretagne. Die D 795 führt weiter nach **Combourg**, in dessen Schloß der berühmte Dichter François René Châteaubriand einen Teil seiner Jugend verbrachte (→ Saint-Malo, S. 56). Über die Landstraße D 796 und D 155 erreicht man nach 55 Kilometern **Fougères**.

Uneinnehmbare Festungen

Die 320 Meter lange Ringmauer der Burg von Fougères ist vollständig erhalten

Der mit dreizehn Wehrtürmen sehr gut geschützte Ort lag im Mittelalter an der Kreuzung der drei Provinzen: Normandie, Maine und Bretagne, hatte damit also eine große strategische Bedeutung. Sie werden es nicht glauben, doch trotz der ungewöhnlichen Lage unten im Tal war die Festung uneinnehmbar. Der Grund lag in der mangelnden Reichweite damaliger Geschütze und dem umliegenden Sumpfgebiet, das Sturmangriffe unmöglich machte (größter Viehmarkt Westfrankreichs jeden Freitag vormittag).

Die Stadt- und Burganlage von Vitré ist ein Paradebeispiel strategischer Architektur des Mittelalters

Weiter geht es nach **Vitré**, dessen Burganlage von der D 178 kommend besonders imposant wirkt. Auf einem Felssporn errichtet, schützte sie wie ein Schild die mittelalterliche Handelsstadt, die zur Zeit der Glaubenskriege Zuflucht vieler Hugenotten war. Die Rundtour führt vom Schloß der Marquise de Sévigné über die Schnellstraße N 157 in 39 Kilometern nach **Rennes**. Im Westen der Hauptstadt erreicht man über die N 24 den Forêt de Paimpont, das größte noch erhaltene Waldgebiet der Bretagne (→ S. 37).

Der Forêt de Paimpont gilt als das Reich des Sagenkönigs Artus

Der **Manoir du Tertre** mitten im Wald von Brocéliande eignet sich hervorragend für einen Übernachtungsstopp. Hier können Sie sich in einem Himmelbett ausruhen, in dem behaglichen Speiseraum stärken und am nächsten Morgen den zweiten Teil der Tour beginnen. Die acht Zimmer in dem alten Herrenhaus sind stilvoll eingerichtet mit modernem Bad. (M. Gouguenheim, 35380 Paimpont, Tel. 02 99 07 81 02, Fax 02 99 61 22 94, Mittlere Preisklasse)

26 Kilometer entfernt in **Ploërmel** sind die einzigartige astronomische Uhr **(L'horloge)** des Mönchs Bernardin und die Kirche zu besichtigen. Nach acht Kilometern erreichen Sie das fotogene Städtchen **Josselin** mit seiner trutzigen Burganlage, deren vier Türme sich im Fluß spiegeln. Liegen dann noch ein paar Hausboote im aufsteigenden Nebel am Kai, ist die Idylle perfekt. Sehenswert neben Fachwerkhäusern, dem Schloß und der Kirche Notre-Dame-du-Roncier ist das Puppenmuseum. Wie alle bedeutenden Orte im Inland besitzt auch **Pontivy**, 32 Kilometer auf der D 764 entfernt, eine Festung. Die alte Herzogstadt liegt an der Mündung des Blavet in den Nantes-Brest-Kanal, einst wichtigster Verkehrsweg. Um die engen verwinkelten Altstadtgassen ließ Napoleon 1806 planmäßig einen neuen Stadtteil anlegen. Der schnellste Weg zurück an die Küste führt über Loudéac (D 700), St-Méen-le-Grand (N 164) und auf der D 766 nach Dinan. Bei etwas mehr Zeit sollte man ab Merdrignac die kleinere, parallel verlaufende Landstraße D 793 vorziehen, die sich nach Dinan schlängelt.

Das Puppenmuseum von Josselin zeigt über 500 Puppen aus ganz Europa

Dauer: 2–3 Tage
Karte: → Klappe hinten

Auf Kanälen durch die Bretagne

Der Ausflug vermittelt ganz neue Perspektiven und hat einen großen Erholungswert. Eine Entdeckungsreise, auf die man mit der gesamten Familie gehen kann.

Die Reisegeschwindigkeit mit dem Hausboot liegt bei 6 bis 10 Stundenkilometern

Können Sie sich mal eine ganz andere Urlaubswoche vorstellen? Gemütlich über die bretonischen Flüsse tuckern, an grünen Ufern verweilen, an Deck in der Sonne liegen, mal einen Ausflug per Fahrrad auf den Treidelpfaden unternehmen oder beim Angeln Ihren Gedanken nachgehen. In kleinen, beschaulichen Städtchen Verpflegungsnachschub einkaufen, gepflegt Essen gehen und mit dem Schleusenwärter ein Schwätzchen halten?

Wasserstraßen von über 600 Kilometer Länge durchziehen die Bretagne. Bis zur Erfindung der Eisenbahn waren sie die wichtigsten Transportwege durch das Inland. Den Nantes-Brest-Kanal ließ schon Napoleon anlegen, um so die englische Seeblockade zu umgehen. Als Kanal wurde dabei die Strecke von Pontivy bis zum Oberlauf der Aulne ausgebaut. Dabei hatte er Anfang des 19. Jahrhunderts noch andere Dimensionen als heute der sterile Rhein-Main-Donau-Kanal.

Das Einschleusen beschert immer wieder aufregende Momente.

Die Entdeckung der Langsamkeit

In Redon fließen die Wasserwege der Bretagne aus allen Himmelsrichtungen zusammen. Das Inlandstädtchen mit seinen hübschen Altstadtgassen ist damit ein idealer Ausgangspunkt für eine »Tour de Bretagne par bateau«. In der Stadt regeln vier Schleusen den unterschiedlichen Wasserstand der Flüsse. Ein Besuch lohnt sich in der Kirche **St-Sauveur** mit Ursprüngen aus dem 12. Jahrhundert und dem **Musée de la Bataillerie**, in dem die Geschichte der Kanaltransporte veranschaulicht wird. Bei frühzeitiger Reservierung warten die klassischen Pénichettes der jeweiligen Veranstalter bereits startklar im Freizeithafen (Port de Plaisance).

In Redon kreuzen sich der Oust und die Vilaine

Zum Anschnuppern für ein Wochenende bietet sich die Fahrt nach La Roche-Bernard an. Auf der Strecke zeigt die Landschaft um die Vilaine zwei Gesichter: Anfangs schlängelt sich der Fluß durch flache Weidelandschaft, bis dann vor La Roche-Bernard der geradezu schluchtartige grüne Abschnitt bis zum Staudamm bei Arzal beginnt.

In La Roche-Bernard wurde 1629–1634 das erste französische Kriegsschiff mit drei Brücken gebaut

Rund fünf Tage dauert eine Fahrt nach Osten bis zum Ort **Nort-sur-Erdre** und zurück. Dabei sind 32 Schleusen zu überwinden. Die Tour läßt sich auf der Erdre bis nach Nantes auf eine Woche ausdehnen. Wobei es nach Meinung König Franz I. über den »schönsten Fluß Frankreichs« geht. Bei gerade einer Schleuse kommen Sie zügig voran und können den Anblick der zahlreichen Schlösser und Herrensitze genießen.

In Nantes beeindruckt das von Wehrmauern und einem Wassergraben umgebene Schloß

Zwei Wochen sind ab Redon nach Norden bis zum malerischen Städtchen **Dinan** (und retour) zu veranschlagen, wobei ein Zwischenstopp in der bretonischen Hauptstadt **Rennes** lohnt.

Die schönsten Flußfahrten führen von Redon nach Westen, über den anfangs idyllischen Abschnitt des Nantes-Brest-Kanals. Die Flußufer sind teilweise von hohen Pappeln gesäumt, in deren Schatten die alten Treidelpfade verlaufen. Über **Malestroit** (drei Tage hin und zurück) geht es gemütlich nach **Josselin** (eine Woche ab Redon hin und zurück). Mit den letzten der 36 Schleusen taucht auch schon die wuchtige Burganlage von Josselin auf. Als »Freizeitkapitän« können Sie direkt vor dem mittelalterlichen Bollwerk anlegen und sind nach wenigen Schritten mitten im Zentrum.

Besuch der Festungsstädte Josselin und Pontivy

Die sehenswerte Innenstadt mit ihren Fachwerkhäusern lohnt einen längeren Aufenthalt. Neben dem Puppenmuseum und der Kirche Notre-Dame-du-Roncier lohnt sich ein Besuch der Burg. Sie wurde im Laufe der Jahrhunderte mehrfach zerstört und wiedererrichtet. Während seiner größten Ausdehnung zählte die dreieckige Anlage neun Wehrtürme. Bei einer Besichtigung überrascht die im Vergleich zu der wuchtigen Außenfassade luftige Architektur des Wohnhauses in Flamboyantgotik. Die Räume sind im Stil des 19. Jahrhunderts eingerichtet.

Pontivy hat zwei Gesichter – die mittelalterliche Altstadt mit Schloß und der neue südliche Stadtteil »Napoléon-Ville«

Einige Tagesetappen weiter erreichen Sie Pontivy (zwei Wochen ab Redon hin und zurück, 164 Schleusen), das ebenfalls eine Festungsanlage aufzuweisen hat. Nördlich, beim **Lac de Guerlédan** beginnt der Kanalabschnitt, mit dem die Verbindung nach Brest geschaffen wurde. Mit dem Ausbau der Wasserstraße ließ Napoleon auch die Stadt Pontivy ausbauen. Der Kontrast zwischen mittelalterlichem Fachwerk und den »Neubauten« des 19. Jahrhunderts wird bei einem Bummel heute noch deutlich.

Soll es noch nicht zurückgehen, bietet sich die Fahrt auf der Blavet Richtung Meer an. Von Pontivy bis Hennebont sind es 72 Kilometer, wobei nochmals 28 Schleusen passiert werden müssen.

Bild S. 109: Nach einer kurzen Einweisung können Sie mit einem Hausboot gemütlich durch das bretonische Hinterland tuckern.

Bootsvermieter:
Comptoir Nautique de Redon,
2, Quai Surcouf - B.P. 155, 35605 Redon,
Tel. 02 99 71 46 03
Eine Liste mit allen Bootsanbietern in der Bretagne erhält man beim Französischen Fremdenverkehrsamt (→ Auskunft, S. 110).
Karte: → Klappe hinten, Klappe vorne

WICHTIGE INFORMATIONEN

Auskunft ℹ️

In fast jedem touristisch wichtigen Ort der Bretagne findet man ein »Office du Tourisme« oder »Syndicat d'Initiative« (Verkehrsverein). Hier erhält man Auskunft über die Region, Veranstaltungen und Feste. Sie vermitteln auch Hotels und Privatzimmer. Die Öffnungszeiten sind in der Regel von 9 bis 12 und von 14 bis 18 Uhr an Werktagen. Zur Hauptsaison länger und teilweise ohne Mittagspause.

Während ein Office de Tourisme ganzjährig geöffnet ist, hält ein Syndicat d'Initiative seine Tore nur im Sommer offen.

Die einzelnen Adressen sind beim jeweiligen Ort angegeben.

Fremdenverkehrsämter
In der Bundesrepublik Deutschland:
Westendstr. 47
60325 Frankfurt/Main
Tel. 01 90/57 00 25, Fax 59 90 61
e-mail:
maison_de_la_france@t-online.de
internet: http://www.maison-de-la-france.com

In Österreich:
Argentinier Str. 41a, A-1040 Wien
Tel. 00 43/15 03 28 90

In der Schweiz:
Löwenstr. 59, Postfach 7226
CH-8023 Zürich
Tel. 00 41/12 11 30 85

In Frankreich kann man Informationen über die Region bei dem jeweiligen Comité Régional de Tourisme erhalten:
CRT de Bretagne östlich ■ e 2, S. 35
1, rue Raoul Ponchon
F-35069 Rennes Cedex
Tel. 00 33/2 99 28 44 30
Fax 2 99 28 44 40

Internet:
http://www.brittanytourism.com
www. region-bretagne.fr
e-mail: tourism@region-bretagne.fr

Innerhalb der Region sind die jeweiligen Départements für ihr Gebiet zuständig. Hier kann man Informationsmaterial anfordern:
Côtes-d'Armor
Maison du Tourisme des Côtes-d'Armor
B.P. 4339
F-22043 Saint-Brieux Cedex
Tel. 00 33/2 96 62 72 00
Fax 00 33/2 96 33 59 10

Finistère
Comité Départemental du Tourisme du Finistère ■ c 3, S. 79
11, rue Théodore Le Hars
B.P. 1419
F-29104 Quimper Cedex
Tel. 00 33/2 98 76 20 70
Fax 00 33/2 98 52 19 19

Ille-et-Vilaine
Comité Départemental du Tourisme d'Ille-et-Vilaine
B.P. 6046
F-35060 Rennes Cedex
Tel. 00 33/2 99 78 47 47
Fax 00 33/2 99 78 33 24

Morbihan
Comité Départemental du Tourisme du Morbihan nordöstlich ■ c 3, S. 93
Hôtel du Département
B.P. 400
F-56009 Vannes Cedex
Tel. 00 33/2 97 54 06 56
Fax 00 33/2 97 42 71 02

Loire-Atlantique
Comité Départemental du Tourisme de Loire-Atlantique
2, allée Baco
F-44000 Nantes
Tel. 00 33/2 51 72 95 30
Fax 00 33/2 40 20 44 54

Bevölkerung

Die Bretonen sind freundlich, schließen jedoch nicht gleich jeden Touristen in die Arme. Eine Einladung in
die eigenen vier Wände ist schon
etwas Besonderes. Von den knapp
2,8 Millionen Bretonen leben 53%
in den Städten (zum Vergleich: 85%
der Bevölkerung sind es in Deutschland). Etwa ein Fünftel der Bretonen
leben in und um die Städte Rennes,
Lorient und Brest, 30% der Bevölke-
rung im Küstenbereich.

Diplomatische Vertretungen

**Botschaft der Bundesrepublik
Deutschland in Frankreich**
13, av. Franklin D. Roosevelt
75008 Paris
Tel. 01 53 83 45 00

Konsulatsabteilung
34, avenue IENA
75016 Paris
Tel. 01 53 83 45 00

**Konsulatsabteilung
der Österreichischen Botschaft**
17, av. de Villars
75007 Paris
Tel. 01 40 63 30 90

**Botschaft der Schweiz
in Frankreich**
142, rue Grenelle
75007 Paris
Tel. 01 49 55 67 00

Feiertage

1. Januar Neujahr
Ostermontag
1. Mai Tag der Arbeit
Pfingstmontag
14. Juli französischer Nationalfeier-
tag
15. August Maria Himmelfahrt
1. November Allerheiligen

11. November Waffenstillstand 1918
25. Dezember Weihnachten
Über die lokalen Feste informiert
der Festkalender, der bei den Fremdenverkehrsämtern erhältlich ist.

Fernsehen

Der Fernseher gehört in jedem Hotel
der mittleren und oberen Preisklasse zur Grundausstattung. Bei Kabel-
oder Satellitenanschluß sind auch
deutsche Programme zu empfangen. Wer seinen eigenen Fernseher
mitbringt, wird nach dem Einschal-
ten enttäuscht sein, denn die Franzosen haben ein anderes Übertra-
gungssystem. Abhilfe schafft ein
Multinormfernseher, der auch auf
Secam-West umgeschaltet werden
kann.

FKK

An den offiziellen Badestränden ist
FKK nicht salonfähig. »Oben ohne«
wird sehr unterschiedlich gehand-
habt. Fingerspitzengefühl ist gefragt, wenn Mann/Frau die Hüllen
fallen lassen.

Fotografieren

Motive gibt es mehr als genug, deshalb bringt man besser genügend
Filme von zu Hause mit. Nachschub
ist in Frankreich teurer. In jedem
Ort gibt es ein oder mehrere Foto-
geschäfte.
    In Museen sollte man fragen,
bevor man seinen Fotoapparat ein-
schaltet. Wenn Fotografieren über-
haupt erlaubt ist, wird Blitzlicht in
der Regel nicht gern gesehen.

Geld

Französische Franc (FF) sind in 100 centimes (c) unterteilt. Im Umlauf sind Münzen zu 5, 10 und 20 c und $1/2$, 1, 2, 5, 10, 20 FF sowie Scheine im Wert von 20, 50, 100, 200 und 500 FF.

Hat man verschiedene Zahlungsmittel dabei, d.h. Eurocheques, Bargeld und/oder Kreditkarte, kommt man fast zu jeder Zeit an Bargeld. Den schlechtesten Kurs gibt es beim Tausch von Bargeld. Die Wechselbüros und Banken behalten zudem eine unterschiedlich hohe Bearbeitungsgebühr ein.

Das Zahlen mit **Kreditkarten** ist in Frankreich in besseren Hotels, Restaurants, Tankstellen, an den Mautstellen der Autobahn und in bestimmten Geschäften möglich. Weit verbreitet sind Visa, American-Express, Diners und Eurocard. **Eurocheques** sind in Frankreich als Zahlungsmittel zwar geläufig, in der Bretagne allerdings nehmen Banken keine Eurocheques mehr an. Von Postsparbüchern der Bundespost kann seit 1999 nur noch mit der Sparcard Geld abgehoben werden. Ab dem 01. Januar 1999 gelten für die Währungen der elf Mitgliedsländer der Europäischen Währungsunion – also auch für den französischen Franc – feste Wechselkurse.

Banken haben ihre Schalterstunden entweder von Mo bis Fr oder von Di bis Sa.

Gezeiten

Die Gestirne, d.h. im wesentlichen die Stellung von Sonne und Mond zur Erde, ist für die Gezeiten verantwortlich. Der Tidenhub (Höhenunterschied zwischen Hoch- und Niedrigwasser) ist in der Bucht von Saint-Malo mit bis zu 14 m der höchste in Europa. Alle 12 Stunden 25 Minuten wiederholt sich das Spiel von Ebbe (**marée basse**) und Flut (**marée haute**).

Wechselkurse

F	D	CH	A
FF	Mark	Franken*	Schilling
0,50	0,15	0,12	1,05
1,00	0,30	0,25	2,10
2,00	0,60	0,50	4,20
5,00	1,49	1,24	10,49
10,00	2,98	2,48	20,98
20,00	5,96	4,97	41,95
30,00	8,94	7,45	62,93
50,00	14,91	12,42	104,89
100,00	29,82	24,85	209,77
250,00	74,54	62,12	524,43
500,00	149,08	124,23	1048,87
750,00	223,62	186,35	1573,30
1000,00	298,16	248,47	2097,74

Nebenkosten*
(umgerechnet in DM)

1 Tasse Kaffee 4,00

1 Bier 7,00

1 Cola 5,00

1 Baguette (250 g) 1,30

1 Schachtel
Zigaretten 4,00–7,00

1 Liter Benzin 2,10

Fahrt mit öffentl.
Verkehrsmitteln
(Einzelfahrt) 2,50

Mietwagen/Tag .... ab 95,00

*Stand: Sept. 1999

Kleidung

Das Wetter in der Bretagne ist sehr wechselhaft. Deshalb sollte man von der Badehose bis zum warmen Pullover gut gerüstet sein. Ist dann noch etwas gegen Regen (keinen Regenschirm, der fliegt garantiert davon) im Gepäck, sind Sie bestens gerüstet.

Eine feine Garderobe ist nicht unbedingt erforderlich, es sei denn, Sie möchten abends ins Theater oder Spielkasino gehen.

Medizinische Versorgung

Obwohl ein Versicherungsabkommen mit deutschen Krankenkassen (das gleiche gilt für Österreich) besteht, muß der Urlauber erst einmal die Arztkosten bar bezahlen. Für die Kostenerstattung ist der Vordruck E 111 (SE 11 007 für Österreicher) erforderlich, den man als Nachweis bei seiner Krankenversicherung erhält. Der Arzt bestätigt seine Leistungen in der »assurance maladie«. Bei der zuständigen »Caisse Primaire d'Assurance Maladie« bekommt man im Urlaubsort den französischen Kostenanteil erstattet. Man kann die Rechnung aber auch zu Hause der Krankenkasse einreichen. Um den teilweise erheblichen Eigenanteil abzudecken, ist eine Zusatzversicherung ratsam.

Notruf

In ganz Frankreich gelten die Notrufnummern 17 für Polizei, 18 für die Feuerwehr.

Ortsnamen

Alle Ortsschilder sind zweisprachig – bretonisch und deren französische »Übersetzung«. Die Namen sind nicht willkürlich, so bedeutet Ker schlicht Dorf (z. B. Kermaria) oder Plou = Pfarrei (z. B. Plougenvent). Tre bezeichnet einen Weiler in der Pfarrei (Tregastel) oder Lan eine Einsiedelei (z. B. Lannion). Coz bzw. Hen heißt alt (Cap-Coz, Hennebont), und Porz deutet auf einen Hafenort hin. Besonders im Westen der Bretagne geben sie Aufschluß über die Einwanderung im 5.–7. Jh.

Politik und Verwaltung

Verwaltungsmäßig wird die Region Bretagne in vier Départements eingeteilt: **Ille-et-Vilaine** (Hauptstadt Rennes), **Côtes-d'Armor** (Hauptstadt Saint-Brieuc), **Finistère** (Hauptstadt Quimper), **Morbihan** (Hauptstadt Vannes). Seit 1986 setzen sich Abgeordnete der Bretagne im Conseil Régional (Regionalrat) für die Belange ihrer Region ein. Als Berater sitzen Fachleute im Comité Economique et Social (Wirtschafts- und Sozialbeirat).

Post

Die Öffnungszeiten der Postämter (PTT) hängen von der Größe des Ortes ab: Mo–Fr 9–18 und Sa 9–12 ist mit leichten Abweichungen die Regel, wobei manche Postämter auch über Mittag geschlossen sein können. Briefmarken bekommt man auch im **Bureau de Tabac.**

Reisewetter

Wasser und Luft sind im Juli/August am wärmsten, damit ist die Zeit also die beste für einen faulen Badeurlaub. Dann sind allerdings auch alle anderen Urlauber unterwegs: Franzosen, Briten, Italiener … Quartiere sind oft schwer zu bekommen und die Badeplätze gut belegt. Ruhiger ist es im Mai/Juni und Ende August/ Anfang September, wobei der Frühsommer mit seiner Farbenpracht, den blühenden Hortensien und leuchtend gelbem Ginster zu bevorzugen ist. Mit Sturm und Regen muß zu jeder Jahreszeit gerechnet werden.

Rundfunk

Es gibt viele Lokalsender; Radio Armorique bringt Informationen über die Bretagne und ist nahezu überall im Westen zu empfangen. Die Deutsche Welle wird über Kurzwelle auf 6075 KHz empfangen.

Sprache

Bretonisch ist eine eigenständige Sprache, deren Ursprünge in der keltischen Vergangenheit liegen. Die Schriftsprache wurde erst in jüngster Zeit geschaffen. Etwa eine halbe Million Bretonen sprechen ihre eigene Sprache, Tendenz steigend. Bretonisch besteht aus verschiedenen Dialekten, die sehr unterschiedlich sein können. Unterschieden wird das »Vannetais« und die im Westen gesprochene Variante. Der Schriftsteller Ernest Renan aus Tréguier hat sich auf das keltische Erbe besonnen und seine Werke auf Bretonisch verfaßt. Wurde seit der Französischen Revolution bretonisch unterdrückt und die Bretonen für das Sprechen ihrer Muttersprache bestraft, erfährt sie heute eine Renaissance. An den Universitäten Rennes und Brest wurde eigens der Studiengang »Keltische Sprachen« eingeführt.

Stromanschluß

220 Volt sind in der Bretagne die Regel. Die Steckdosen haben allerdings eine andere Norm. Problemlos passen die flachen »Eurostecker«, für Stecker mit Schutzkontakt ist ein spezieller Adapter erforderlich.

Die genauen Klimadaten von **Brest**

		Januar	Februar	März	April	Mai	Juni	Juli	August	September	Oktober	November	Dezember
Durchschnittl. Temp. in °C	Tag	8,6	8,8	11,6	13,0	15,4	18,1	19,4	19,7	18,2	15,2	11,5	9,4
	Nacht	3,7	3,3	4,7	5,7	8,0	10,6	12,0	12,4	11,3	8,7	6,3	4,3
Sonnenstunden pro Tag		2,3	3,4	4,6	6,6	7,6	7,3	7,1	6,8	5,4	4,0	2,4	1,9
Regentage		22	16	15	15	14	13	14	15	16	19	20	22
Wassertemp. in °C		10	10	10	10	12	14	15	16	15	14	13	11

Quelle: Deutscher Wetterdienst, Offenbach

Telefon

In den Telefonkabinen der Post wird erst nach dem Gespräch gezahlt. Fast alle öffentlichen Fernsprecher wurden auf Telefonkarten umgestellt. Man kann sie bei der Post oder im **Bureau de Tabac** kaufen. Telefonieren vom Hotelzimmer ist bequem, aber auch teurer. In ganz Frankreich wird die zehnstellige Rufnummer gewählt, auch innerhalb eines Ortsbereichs. Um vom Ausland anzurufen, lassen Sie die »0« vor der Rufnummer weg.

Das Mobilfunknetz in Frankreich basiert auf dem internationalen GSM-Standard. Sie können deshalb im ganzen Land telefonieren. Abgerechnet wird mit der Telefongesellschaft in Deutschland.

Vorwahlen:
D, A, CH → F 0033
F → D 1949
F → A 1943
F → CH 1941

Tiere

Speziell Hunde sind bei den Franzosen sehr beliebt. So findet man auch viele Hotels und Campingplätze, in denen Tiere erlaubt sind.

Trinkgeld

Das **pour-boire** gibt es noch, wenn auch der Service in den Restaurants inzwischen im Preis enthalten ist. Im Dienstleistungsbereich wird das Trinkgeld erwartet.

Wirtschaft

Kommunikationselektronik, Autoindustrie und Papierfabriken haben sich in Rennes niedergelassen. An der Küste spielt der Fischfang die wichtigste Rolle. Die Landwirte können dank des milden Golfstroms gleich zwei Ernten im Jahr einfahren. In der Rangliste der Touristengebiete Frankreichs steht die Bretagne an zweiter Stelle nach der Côte d'Azur, damit schlagen die Einnahmen aus dem Dienstleistungsgewerbe im Gesamthaushalt kräftig zu Buche.

Zeitungen

Deutsche Zeitungen und Zeitschriften sind mancherorts in den **Bureaux de Tabac** erhältlich. Hier liegen auch die überregionalen französischen Zeitungen aus.

Zeit

Es gilt die mitteleuropäische Zeit MEZ. Sommerzeit von Ende März bis Ende September.

Zoll

Mit der Einführung des EU-Binnenmarktes am 1. Januar 1993 sind die Zollkontrollen an den Binnengrenzen der Europäischen Gemeinschaft entfallen (nicht jedoch etwaige Sicherheitskontrollen). Mengenmäßige Ein- und Ausfuhrbeschränkungen für Tabak, Alkohol etc. gibt es somit innerhalb der EU nicht mehr. Es muß allerdings erkennbar sein, daß die Waren, die Sie mitführen, ausschließlich für den Privatgebrauch bestimmt sind. Sollten die Grenzbehörden den Verdacht haben, daß Sie mit den Waren handeln, werden Sie zur Versteuerung herangezogen. Für Schweizer sowie für den Dutyfree-Einkauf (bis zum 30. Juni 1999 befristet) gelten folgende Mengenbeschränkungen: 200 Zigaretten oder 100 Zigarillos oder 50 Zigarren oder 250 g Tabak, 1 l Spirituosen oder 2 l Likör und 2 l Wein, 50 g Parfüm oder 0, 25 l Eau de Toilette.

WICHTIGE INFORMATIONEN

um 4600 v. Chr.
Der erste Grabhügel (Cairn von Barnenez) entsteht. Über 2600 Jahre, bis gegen Ende des Neolithikum, werden viele Tausend Steine errichtet.

Ab 600 v. Chr.
Kelten besiedeln die Halbinsel und taufen sie Armorica.

56 v. Chr.
Die Römer gewinnen die Seeschlacht im Golf von Morbihan gegen den Keltenstamm der Veneter. Damit beginnen rund 500 Jahre römische Fremdherrschaft.

5. Jh. n. Chr.
Angeln und Sachsen aus England siedeln sich auf der Halbinsel an. Sie nennen es Klein-Britannien und christianisieren die »Urbevölkerung«.

799
Die Bretagne wird von Karl dem Großen erobert.

826
Ludwig der Fromme setzt Nominoë aus Vannes zum Herzog der Bretonischen Mark ein. Dieser nutzt die Machtstreitigkeiten der Karolinger und gründet eine eigene Dynastie.

919
Übergriffe der Normannen, die König Alain Barbe-Torte zurückschlägt, erste Burgen entstehen.

1338
Auf dem Turnier in Rennes beginnt die Karriere von Bertrand du Guesclin, der zum bedeutendsten Ritter dieser Zeit werden sollte.

1341
Bretonischer Erbfolgekrieg.

1364
Bei Auray wird der Erbfolgekrieg zugunsten Jean de Montforts entschieden.

Um 1470
In einer Zeit wirtschaftlichen Aufschwungs entstehen die ersten Kalvarienberge (Calvaires).

1488
König François II stirbt. Seine Tochter Anne besteigt mit zwölf Jahren den Thron. Sie wird eine der meistverehrten Persönlichkeiten der Bretagne.

1491
Zur Rettung der belagerten Stadt Rennes stimmt Herzogin Anne der Hochzeit mit dem französischen König Charles VIII zu.

1514
Anne de Bretagne stirbt, ihre Tochter Claude wird Herzogin der Bretagne. Ihre Hochzeit mit König François I leitet das Ende der autonomen Bretagne ein.

1534
Der Seefahrer Jacques Cartier aus St-Malo entdeckt Kanada.

1598
Mit dem Edikt von Nantes beendet Henri IV die Glaubenskriege. Die Hugenotten fühlen sich wieder sicher, und der Tuchhandel boomt.

1685
Louis XIV hebt das Edikt von Nantes wieder auf. Die Hugenotten flüchten, es folgt eine Wirtschaftskrise.

1773
Surcouf, der als gefürchteter »Pirat des Königs« von sich Reden machen soll, wird in St-Malo geboren.

1789
Nach der Französischen Revolution werden die Kirchengüter beschlagnahmt, der Name »Bretagne« abgeschafft und die Region in Départements eingeteilt. Dies weckt den Widerstand.

1792
Es formieren sich die bewaffneten Rebellen, Chouans, wie sie nach ihrem imitierten Käuzchenruf genannt werden, gegen die Unterdrückung der Bretagne.

1804
Georges Cadoudals, Anführer der Widerstandsbewegung (Chouans), wird bei dem Versuch, Napoleon zu entführen, gefaßt und hingerichtet.

1822
François René de Châteaubriand aus St-Malo wird Außenminister.

1832
Der letzte Versuch zur Befreiung der Bretagne, ausgeführt durch die Gräfin de Berry, wird vereitelt.

1914–1918
Im Ersten Weltkrieg kommen überdurchschnittlich viele Bretonen ums Leben. Die Verständigung auf Französisch war für manche schwierig.

1940–1944
Deutsche Truppen halten die Bretagne besetzt. Viele Bretonen schließen sich der Widerstandsbewegung an.

1944–1945
Bei der Befreiung und dem Rückzug der Wehrmacht verlieren viele Bewohner ihr Leben, die Hafenstädte Brest, St-Malo und Lorient werden zerstört.

1960–1961
Bauern setzen sich gegen die Zwischenhändler zur Wehr und gründen eine eigene Vermarktung.

1962
Erste Fernsehübertragung via Satellitenstation Pleumeur-Bodou.

1964
Das Département Loire-Atlantique mit Nantes wird per Verwaltungsakt von der Bretagne abgespalten.

1966–1974
Die extremistische »Bretonische Befreiungsfront« macht durch Anschläge auf sich aufmerksam.

1969
Der Nationalpark Armorique wird im Westen geschaffen.

1978
Ölpest durch das Kentern des Supertankers »Amoco Cádiz« vor Portsall an der Westküste.

1980
Widerstand gegen das geplante Atomkraftwerk nahe der Halbinsel Pointe du Raz.

1988
Das Département Côtes-du-Nord wird in Côtes-d'Armor umbenannt, damit lebt die keltische Bezeichnung wieder auf.

1993
In bretonischen Hafenstädten kommt es zu den größten Straßendemonstrationen seit 1968. Die bretonischen Fischer sehen ihre Existenz durch Billigimporte bedroht.

1998
Im Dezember feiert das Festival »France Musical« in Rennes sein 25. Jubiläum.

Aussprache

~ über einem Vokal bedeutet, daß er nasal ausgesprochen wird:

ã wie z. B. in chance
ä wie in terrain
õ wie in Bonbon

Wichtige Wörter und Ausdrücke

Ja	*oui [ui]*
Nein	*non [nõ]*
Bitte	*s'il vous plaît [sil wu plä]*
Danke	*merci [mersi]*
Und	*et [e]*
Wie bitte?	*comment? [komã]*
Ich verstehe nicht	*je ne comprends pas [schö ne kõmprã pa]*
Entschuldigung	*pardon/excusez-moi [pardõ/ exküseh-moa]*
Guten Morgen/ Tag	*bonjour [bõschur]*
Guten Abend	*bonsoir [bõsuar]*
Hallo	*salut [salü]*
Ich heiße	*je m'appelle [schö mapäl]*
Ich komme aus	*je suis de [schö süi dö]*
Wie geht es	*comment allez-vous/*
Ihnen/Dir	*vas-tu [kommã alleh-vu/va-tü]*
Danke, gut	*bien, merci [bjä mersi]*
Wer, was, welcher	*qui, que, lequel [ki, kö, lököl]*
Wieviel	*combien [kombiä]*
Wo ist?	*où-est [u-ä]*
Wann	*quand [kõ]*
Wie lange	*combien de temps [kõbiäd tã]*
Sprechen Sie Deutsch?	*parlez-vous allemand [parle-vu almã]*
Auf Wiedersehen	*au revoir [oh rövuar]*
heute	*aujourd'hui [oschurdüi]*
morgen	*demain [dömã]*
gestern	*hier [jär]*

Zahlen

eins	*un [ä]*
zwei	*deux [döh]*
drei	*trois [troa]*
vier	*quatre [katr]*
fünf	*cinq [sãk]*
sechs	*six [sis]*
sieben	*sept [set]*
acht	*huit [üit]*
neun	*neuf [nöf]*
zehn	*dix [dis]*
hundert	*cent [sã]*

Mit und ohne Auto unterwegs

Wie weit ist es	*combien de kilomètres y a-t-il [kombiä dö kilomätr i jatil]*
Es ist weit	*c'est loin [sä luã]*
Wo ist	*où se trouve [u se truv]*
– die nächste Werkstatt?	*le garage le plus proche [le garasch le plü prosch]*
– der Bahnhof/ Busbahnhof	*la gare (routière) [la gar/gar rutjär]*
– U-Bahn-Haltestelle	*l'arrêt du métro [larrä dü metroh]*
– Bus-Station	*l'arrêt d'autobus [larrä dotobüs]*
– der Flughafen	*l'aéroport [laehropor]*
– eine Bank	*une banque [ün bãk]*
– eine Tankstelle?	*une station-service [ün stasjõ servis]*
Ich suche einen Arzt/eine Apotheke	*je cherche un médicin/ une pharmacie [schö schersch ä mehdsä/ün farmasi]*
Bitte volltanken!	*plein, s'il vous plaît [lö plä sil vu plä]*
Normalbenzin	*l'essence [lesãs]*

118

Super	*super [süper]*
Diesel	*gas oil [gasual]*
nach rechts/	*à droite/gauche*
links	*[a druat/gohsch]*
geradeaus	*tout droit [tu drua]*
Ich möchte	*je voudrais louer*
ein Auto/Fahr-	*une voiture/bicy-*
rad mieten	*clette [schö wudrä*
	lueh ün voatür/
	bisiclät]
Es ist ein Unfall	*il y a un accident*
passiert	*[il ja än aksidä]*
Eine einfache	*un aller deuxième/*
Fahrt	*premiére classe*
2. Klasse	*pour ... [än aleh*
1. Klasse	*döhsjäm/prömjär*
nach ...	*klas pur]*
Ich möchte	*je voudrais*
... DM in Franc	*changer ... marks*
wechseln	*en francs [schö*
	wudrä schäscheh ...
	mark en frä]

Hotel

Ich suche	*je cherche un hôtel*
ein Hotel	*[schö schersch ä*
	ohtäl]
Haben Sie noch	*Avez-vous encore*
Zimmer frei?	*des chambres lib-*
	res? [aveh-vu äkor
	deh schäbrö libr]
– für eine	*pour une semaine*
Woche	*[pur ün sömän]*
Ich habe ein	*j'ai réservé une*
Zimmer reser-	*chambre [schä re-*
viert	*serveh ün schäbrö]*
Wieviel kostet	*combien coûte la*
das Zimmer?	*chambre? [kombiä*
	kut la schäbrö]
– mit Frühstück	*avec petit déjeuner*
	compris [awek pti
	dehschöneh köpris]
Kann ich das	*est-ce que je peux*
Zimmer	*voir la chambre?*
sehen?	*[äs kö schö pöh*
	vuar la schäbr]
Ich nehme	*je prends la cham-*
das Zimmer	*bre [schö prä la*
	schäbr]

Restaurant

Die Speisekarte	*la carte, s'il vous*
bitte	*plaît [la kart sil vu*
	plä]
Die Rechnung	*l'addition, s'il vous*
bitte	*plaît [ladisjö sil vu*
	plä]
Ich nehme ...	*je prend ...*
	[schö prä]
Wo finde ich	*où sont les toilettes*
die Toiletten?	*(dames/hommes)*
(Damen/	*[u sö leh toalät*
Herren)	*(dam/om)]*
Kellner	*garçon [garsö]*
Frühstück	*petit déjeuner*
	[pti dehschöneh]
Mittagessen	*déjeuner*
	[dehschöneh]
Abendessen	*cena*

Einkaufen

Wo finde ich ...?	*où est-ce qu'il se*
	trouve ...? [u äs kil
	se truv]
Haben Sie?	*vous avez?*
	[vus aweh]
Wieviel kostet	*combien ça coûte?*
das?	*[köbiä sa kut]*
Das ist zu teuer	*c'est trop cher*
	[sä tro schär]
100 g/ein Kilo	*cent grammes/un*
	kilo de [sä gram/
	ä kilo dö]
Markt	*marché [marscheh]*
Metzgerei	*boucherie [buschri]*
Haushaltswaren	*articles ménagers*
	[artikl mehna-
	scheh]
Lebensmittel-	*épicerie [ehpisri]*
geschäft	
Briefmarken für	*des timbres pour*
einen Brief/	*une lettre/carte*
eine Postkarte	*postale pour l'Alle-*
nach Deutsch-	*magne/l'Autriche/*
land/Öster-	*Suisse [deh täbr*
reich/in die	*pur ün lettr/ün kart*
Schweiz	*postal pur lalman/*
	lotrisch/la süis]

A

abats: Innereien
abricot: Aprikose
acquit: Quittung
addition: Rechnung
agneau: Lamm
aïado: Lammrollbraten
aiglefin: Schellfisch
aïgo-saou: Fischsuppe
aiguillette de canard: Entenbrust-
   filet
aïl (à l'aïl): Knoblauch (mit Knoblauch)
aïoli: Knoblauchmayonnaise
aloyau: Lendenbraten
alpage: Bergkäse
amandes: Mandeln
anchois: Sardelle (Anchovis)
andouille: Schweinswurst
   aus Kutteln
andouillette: Wurstspezialität aus
   sauberst gewaschenen Därmen
à l'Anglaise: auf englische Art
artichauts: Artischocken
asperge: Spargel
assiette: Teller

B

banon: in Kastanienblätter gehüllter
   Frischkäse
bar: Barsch
barbeau (barbillau): Barbe
bardé: mit Speckstreifen umwickelt
bargue: Meerbutt
beignet: Krapfen
Bénédictine: Likör aus 27 verschiedenen Kräutern
betterave rouge: rote Bete
beurre: Butter
bien cuit: durchgebraten
bière blonde (noire): helles
   (dunkles) Bier
bifteck: Beefsteak
bifteck à la tartare: Hacksteak
bisquebouille: Fischsuppe
bleu: blau – bei Fleisch soviel wie
   »englisch« gebraten
blettes, bettes: Mangold

bœuf: Ochse oder Rind
– gardian: Steaks im Schmortopf
boisson: Getränk
bouillabaisse: Fischsuppe (auch,
   anders zubereitet: *bourride*)
bouillon de légumes: Gemüsebrühe
bouteille: Flasche
braisé: geschmort
brasserie: Brauhaus, auch
   Bezeichnung für Cafés mit
   Mittags- und Abendtisch
brochet: Hecht
brochette: Spießchen

C

cabillaud: Kabeljau
caille: Wachtel
cálmar: Tintenfisch
calvados: Apfelschnaps
canard: Ente
carafe: Karaffe
carbonade: Grillfleisch über
   Holzkohle
carré d'agneau: Lammrückensteak
carrelet: Scholle
carte: Speisekarte
– du jour: Tageskarte
– des vins: Weinkarte
casse-croûte: Imbiß
cassoulet: Eintopf aus weißen
   Bohnen mit Gänsefleisch
céleri: Sellerie
cèpes: Steinpilze
cerf: Hirsch
cerises: Kirschen
cervelle: Hirn
chanterelles: Pfifferlinge
charbonnée: Rostbraten
charcuterie: Wurstaufschnitt
châteaubriand: Grillsteak (für
   mehrere Personen zubereitet)
chaud: heiß
chèvre: Ziege, Ziegenkäse
chevreuil: Reh
chou: Kohl
choucroute: Sauerkraut
citron pressé: frisch gepreßter Zitro-
   nensaft
colin: Seehecht oder Schellfisch

concombre: Gurke
coq: Hahn
coquilles, coquillages: Muscheln
côte: Rippenstück
– *d'agneau:* Lammkotelett
– *de veau:* Kalbskotelett
coupe: Becher (für Eis oder Früchte)
courgettes: Zucchini
couteau: Messer
crabe: Krabbe
crème: Sahne, auch
  süßer Likör
crevettes: Garnelen
crudités: Rohkostsalate
crustacés: Krustentiere

D

dauphin: würziger Weichkäse
daurade, dorade: Goldbrasse
dégustation gratuite: kostenloser
  Probeausschank (Weinprobe)
déjeuner: Mittagessen
demi: halb
– *sec:* halbtrocken
denté: Zahnbrasse
dinde: Pute
dindon: Truthahn, Puter
doux, douce: süß

E

eau: Wasser
– *gazeuse:* Selterswasser
– *minérale:* Mineralwasser
– *(non) potable:* Wasser (nicht)
  zum Trinken
– *de vie:* Branntwein (klare
  Schnäpse)
échalote: Schalotte
écrevisses: Krebse
entrecôte: Zwischenrippenstück
entrée: Vorspeise
entremets: Zwischengerichte
épaule d'agneau: Lammschulter
épicerie: Feinkostladen,
  Lebensmittelgeschäft
épinards: Spinat
escalope: Schnitzel
escargots: Weinbergschnecken

F

farce, farci: Füllsel, gefüllt
faux-filet: Lendenstück vom Rind
fenouil: Fenchel
ficelle: sehr dünnes langes Weißbrot
figues: Feigen
filet: Lendenbraten
fin: fein
flan: Pudding
flet: Flunder
flétan: Heilbutt
foie: Leber
– *gras:* Stopfleber
– *d'oie:* Gänseleber
fourchette: Gabel
fourré: gefüllt
framboise: Himbeere
fromage: Käse
fruité: fruchtig
fruits: Früchte, Obst
fumé: geräuchert

G

gambas: Garnelen, Krabben
garçon: Kellner, Ober
gâteau: Kuchen
gaufrettes: Waffeln
gibier: Wild
gigot: Keule
girolles: Pfifferlinge
glace: Eis
glaçon: Eiswürfel
graisse d'oie: Gänseschmalz
gratin: Auflauf, Überbackenes
grenade: Granatapfel
grillades: Gegrilltes

H

hachis: Gehacktes, Haschee
hareng mariné: Bismarckhering
haricots verts: grüne Bohnen
herbes de Provence: Kräuter
  der Provence
homard: Hummer
hors-d'œuvre: Vorspeise
huile: Öl
huîtres: Austern

J

jambon: Schinken
jarret: Haxe
jus: Saft

L

lait: Milch *(lait entier:* Vollmilch*)*
laitue: Kopfsalat
langouistine: kleiner Panzerkrebs
lapin: Kaninchen
légumes: Gemüse
lentilles: Linsen
lièvre: Hase
lotte de mer: Seeteufel
loup de mer: Wolfsbarsch (Seewolf)

M

macédoine de fruits: Obstsalat
mâche: Feldsalat
madeleines: muschelförmiges
  Sandgebäck
maquereau: Makrele
marcassin: Frischling
marron: Eßkastanie
matière grasse: Fettgehalt,
  Fettstufe
menthe: Pfefferminze
– verte: Pfefferminzlikör
merguez: Würstchen
miel: Honig
millet: Hirse
morue: Kabeljau
moules: Muscheln
– marinières: Muscheln in
  Weißweinsud
moutarde: Senf (Mostrich)
mouton: Hammel, Schaf
myrtilles: Heidelbeeren

N

navets: weiße Rübchen
noisette: Haselnuß
noisettes d'agneau: Lammnüßchen
noix: Walnuß
note: Rechnung
nouilles: Nudeln

O

œuf: Ei
oie: Gans
oignons: Zwiebeln

P

pain: Brot
palourde: Venusmuschel
pannequet: gefüllter Pfannkuchen
pâté: Pastete
pavé de saumon: Lachspastete
  in Gelee
pêche: Pfirsich
perche: Barsch
perdrix commune: Rebhuhn
petit déjeuner: Frühstück
petits-fours: Biskuittörtchen
– pois: Erbsen
pieds de cochon: Schweinsfüße
pieuvre: Krake
pigeon: Taube
pignons: Pinienkerne
piment doux: Paprika- oder
  Pfefferschote
pissenlit: Löwenzahn
pistaches: Pistazien
plat: Gericht, Platte
– du jour: Tagesgericht
plateau de fromage: Käseplatte
  (als Nachspeise)
à point: kroß gebraten (außen
  knusprig, innen rosa)
poire: Birne (auch Birnenschnaps)
poireau: Lauch, Porree
poirée: Mangold
pois chiches: Kichererbsen
poisson: Fisch *(poisson de rivière:*
  Flußfisch*)*
poitrine: Brust
pomme: Apfel
pommes de terre: Kartoffeln
porc: Schwein
porcelet: Spanferkel
potage: Suppe
poularde: Masthuhn *(poule*: Henne)
poulet: Brathähnchen
poulpe: Tintenfisch
poussin: Küken, Junghähnchen

praire: Venusmuschel
à la pression: Bier vom Faß
primeurs: Frühobst und
  Frühgemüse
pruneau: Back- oder Dörrpflaume

Q

quart: ein Viertel (Viertelpfund)
quartier: Viertel, Teilstück
quenelles: Klößchen, Röllchen
queue: Schwanz

R

radis: Rettich
rafraîchis: Sammelbegriff für
  Erfrischungsgetränke
raisins: Weintrauben
ramequin: kleiner Käsekuchen
râpé: geraspelt, gerieben
raskasse: Drachenkopf (Meerfisch)
ratatouille: gemischtes Gemüse
récolte: Ernte, Weinjahrgang
recommandé: empfohlen,
  empfehlenswert
rillettes d'oie: Gänsepastete
ris de veau: Kalbsbries
rissoler: braun braten
riz au beurre: Butterreis
rocambole: Perlzwiebel
rognons: Nieren
rosbif: Roastbeef, Rostbraten
roses des prés: Wiesen-
  champignons
rôti: Braten, gebraten
rouille: scharfe rote Sauce

S

sablé: Sandgebäck
saignant: »englisch« gebraten
sandre: Zander
sanglier: Wildschwein
sardines á l´huîle: Ölsardinen
saucisson: Schnitt- oder Brühwurst
saumon: Lachs
sauté: geschmort
seiche: Tintenfisch
sel: Salz

semoule: Grieß
selle d'agneau: Lammrücken
service (non) compris: Bedienung
  (nicht) inbegriffen
sole: Seezunge
sorbet aux fruits: Früchtesorbet
soupe (souper: Nachtessen)
steak au poivre: Pfeffersteak
sucre: Zucker *(sucré:* gesüßt)

T

tanche: Schleie
tarte: Obstkuchen
tartelette: Törtchen
tendre: zart, mürbe
terrine: Schüssel
– *maison:* Topfpastete nach Art
  des Hauses
thé: Tee
thon: Thunfisch
tournedos: Lendenschnitte
tourteau: Taschenkrebs
tranche: Schnitte, Scheibe
tripes: Kutteln, Innereien
truffes: Trüffel
truite: Forelle
– *fumée:* Räucherforelle
turbot: Steinbutt

V

veau: Kalb, Fleisch vom Kalb
venaison: Wildbret
vermicelle: Nudelsuppe
verveine: Eisenkraut, ideal als ver-
  dauungsfördernde »Infusion«
  nach dem Essen
viande(s): Fleisch
vin de l'année: junger Wein
  (gleich nach der Lese)
– *blanc:* Weißwein
– *mousseaux:* Schaumwein
– *nouveau:* junger Wein,
  Federweißer
– *de pays:* Landwein
– *rouge:* Rotwein
– *de table:* Tischwein
vinaigre: Essig
volaille: Geflügel

Wichtige Informationen

Hier finden Sie die in diesem Band beschriebenen Orte und Ausflugsziele. Außerdem enthält das Register wichtige Stichworte, landessprachliche Bezeichnungen sowie alle Tips dieses Reiseführers. Wird ein Begriff mehrfach aufgeführt, verweist die **fett** gedruckte Zahl auf die Hauptnennung. Die **Buchstaben-Zahlen-Kombinationen** nach den Seitenangaben verweisen auf die Planquadrate der Karten.

A

Abbaye de Beauport (Paimpol) 50
Aber Benoît 68; B2
Aber Wrac'h 68; B1/B2
Alderney 62
Alignements de Kermario 88
Alignement de Kerzérho 90
Alignement du Ménec 88
Angeln 27
Ankunft 11
Anreise 11
Aquarium (Vannes) 93
Aquarium Marin (Trégastel) 44
Armorique **76**, 99; B3/E3
Auberge Saint-Saveur (Restaurant, Rennes, Tip) 19
Audierne 103
Auray 82, 87, **95**; F5
Austernzucht (Carnac) 89
Autofahren 11, 13
Autorundfahrten 96, 100, 104

B

Bains-Douches, Les (Restaurant, Morlaix, Tip) 75; D2
Basilique St-Sauveur (Dinan) 46
Batz-sur-Mer 85; G6
Baule, La (Strand) 29; H6

Baule, La 82, **83**; H6
Beg-Meil (Strand) 29; D4
Beg-Meil 64, **71**; D4
Belle-Ile (Strand) 29; F6
Belle-Ile 10, 82, 87, **90**; E6/F6
Benediktinerabtei Saint-Magloire 48; I2
Benodet 64
Bootsverbindungen 14
Bootsfahrt (Tip) 50; F1
Bootstour 106
Brest 65; B2
Brière 82, **86**
Brocéliande 6
Busverbindungen 14

C

Cairn de Barnenez 39, **76**; D 1
Calvaire (Plougonven) 76; D2
Camaret-sur-Mer 101
Camping 17
Cancale 60; I1
Cap de la Chèvre 102
Cap Fréhel 38, **54**; H1
Cap Sizun **25**, 103; A3
Cap-Coz 71; D4
Carnac 82, **87**; F5
Cathédrale St-Corentin (Quimper) 64, 78, **79**
Cathédrale St-Pierre (Rennes) 34
Cathédrale St-Pierre (Vannes) 93
Cathédrale St-Vincent (Saint-Malo) 57
Char á voile 27
Château de Bienassis (Erquy) 55
Château de Bourbansais (Pleugueneuc, Tip) 25; I2
Château de Brest 66
Château de la Duchesse Anne (Saint-Malo) 57
Château de la Roche Jagu 51; F1
Château Suscinio 95
Château-Camping (Tip) 16
Château-Musée (Dinan) 47

Combourg 104
Concarneau 64, **70**; D4
Conquet, Le 69
Côte de Granit Rose (Strand) 29; E1/F1
Côte de Granit Rose 38, **39**; E1/F1
Côtes d'Armor 38
Côte Sauvage 9, 87, 90
Croisic, Le 85; G6
Crozon 102
Crozon-Halbinsel 100
Crucuno 90

D

Dinan 38, **45**, 105; I2
Dinard 61; I1/I2
Dol-de-Bretagne 104
Dolmen 6
Dolmen de Kerlescan 88
Douarnenez 102
Drachenfliegen 27

E

Ecomusée du Pays de Rennes 36
Eglise Saint-Cornély (Carnac) 89
Eglise Saint-Mathieu (Morlaix) 74
Eglise St-Malo (Dinan) 46
Einkaufen 22
Enclos Paroissial 96
Entfernungstabelle 13
Erdeven 90; F5
Erquy 55; H2
Eßdolmetscher 120
Essen und Trinken 18

F

Fährverbindungen 14
Fahrräder 14
Fahrradtour 96
Faou, Le 100
Fayencen (Quimper, Tip) 81
Ferien auf dem Bauernhof 16
Ferienwohnungen 16
Feste 30
Festspiele 30
Finistère 96
Fischen 27
Flugverbindungen 12

Forêt de Paimpont **37**, 105; H4/I3
Fort la Latte 54; H1
Fort National (Saint-Malo) 57
Fougères 104

G
Géant du Manió, Le 88
Geschichte 116
Getränke 18
Gîtes Ruraux 16
Golf 27
Golfe du Morbihan 10, 82, **91**; G5
Grand Aquarium de Saint-Malo 58
Grand Menhir (Locmariaquer) 90
Guérande 82, 83, **86**; H6
Guernsey 62
Guimiliau 98
Guingamp 55; F2

H
Hafen (Brest) 66
Hausboote **27**, 106
Hotels 15
Hôtel de Ville (Rennes) 34
Hôtel de Ville (Vannes) 93
Huelgoat **76**, 99

I
Ile aux Moines 10
Ile de Batz 76
Ile de Bréhat (Tip) 10, **50**; F1
Ile de Fédrun 86
Ile d'Ouessant 10, **68**; A2
Iles de Glénan 72; D5

J
Jardin aux Papillons (Vannes) 94
Jardin des Plenates (Rennes) 34
Jardin du Thabor (Rennes) 34
Jersey 62
Josselin 105, 107
Jugendherbergen 17

K
Kalvarienberg 69
Kanäle 106
Kanalinseln 62
Kerlescan 88
Kermaria 51; F1
Kersaint 69
Kinder 24
Klettern 27

L
Lac de Guerlédan 108
Lamballe 55; G2
Lampaul-Guimiliau 97
Landerneau 96
Landévennec 101
Lanleff 51; F1
Lesetip 10
Locmariaquer 90; F5
Locmélar 97
Locronan **81**, 102; C3
Loguivy 52; F1
Loudéac 105

M
Mad Atao (Paimpol) 50
Maison de la Reine Anne (Morlaix) 75
Maison du Littoral (Perros-Guirec) 41
Malestroit 107
Mané-Croc'h 90
Manoir du Tertre (Hotel, Brocéliande) 105
Manufacture de Cigares (Morlaix) 75
Marinarium (Concarneau) 71
Martyre, La 97
Megalith (Carnac) 87
Ménez-Hom 102
Menhire 6
Menhir de St-Uzec 43
Merdrignac 105
Mietwagen 13
Mont-Saint-Michel 63; K1
Morgat (Strand) 29; B3
Morgat 102
Morlaix 39, **73**; D2
Moulin à Mer (Trégastel) 44
Mousterlin 71; C4

Mur des Disparus en Mer (Paimpol) 50
Musée d'Archéologie (Vannes) 94
Musée des Beaux-Arts (Brest) 66
Musée des Beaux-Arts (Quimper) 79
Musée des Beaux-Arts (Rennes, Tip) 34
Musée des Beaux-Arts (Vannes) 94
Musée de Bretagne (Rennes, Tip) 34
Musée de Cire (Perros-Guirec) 41
Musée Départemental Breton (Quimper) 80
Musée de la Faïence Jules Verlingue (Quimper) 80
Musée Intercommunal des Marais Salants (Batz-sur-Mer) 85
Musée International du Longcours et des Cap Horniers (Saint-Malo) 58
Musée des Jacobins (Morlaix) 75
Musée de la Marine (Brest) 66
Musée de la Mer (Dinard) 62
Musée de la Mer (Paimpol) 51
Musée de la Pêche (Concarneau) 71
Musée de la Pomme et du Cidre (Dinard) 62
Musée de la Poupée (Saint-Malo) 58
Musée de Préhistoire (Carnac) 89
Musée de Saint-Malo 58

N
Nantes 107
Nantes-Brest-Kanal 106
Nordwestküste 69; B2
Nort-sur-Erdre 107
Notre-Dame-de-Kroaz-Baz (Roscoff) 76

WICHTIGE INFORMATIONEN

O
Océanopolis (Brest) 25, 66; B2
Océarium (Le Croisic, Tip) 85; G6

P
Paimpol 39, 49; F1
Palais, Le 90
Palais de Justice (Rennes) 34
Panoramaweg (Saint-Malo, Tip) 58
Parc Régional d'Armorique 76; B3/E2
Parc Régional de Brière 86; H5/H6
Perros-Guirec 38, 39, 40; E1
Pferdewagen (Tip) 28; D2
Pleyben 99
Ploërmel 105
Ploudiry 97
Plougastel-Daoulas 69; C2
Plougonven 76; B2
Ploumanac'h 40; E1
Pointe du Château 52
Pointe de Dinan 102
Pointe des Espagnols 101
Pointe du Grouin 60
Pointe de Penhir 64, 101
Pointe du Raz 64, 103
Pointe du Van 103
Pont-Aven 72; D4
Pontivy 105, 108
Pornichet 83
Pouliguen, Le 83
Preisklassen (Hotels) 17
Preisklassen (Restaurants) 20
Presqî'île de Rhuys 95; F5/G5
Privatzimmer 16

Q
Quiberon (Strand) 29; F5
Quiberon 82, 87, 90; F5
Quic-en-Groigne (Saint-Malo) 58
Quimper 64, 77, 100; C4

R
Rade-de-Brest 66
Radfahren 27
Radtour 25; F5

Rance 48; I2
Rancekraftwerk (Dinard) 62
Redon 107
Regionalpark Armorique 99; B3
Reiten 27
Reiterferien 25
Rennes 32, 105; K3
Roc Trévezel 99
Roche-aux-Fées, La 37; K4
Roche-Bernard, La 86, 107; H5
Roche-Maurice, La 96
Rochers Sculptés (Saint-Malo) 58
Rochers-Sévigné 37
Roscoff 76; D1
Route des Alignements 88
Routen 96, 100, 104, 106

S
Saint Colomban (Carnac) 89
Saint-Brieuc 55; G2
Saint-Cast-le-Guildo 53; H1
Saint-Magloire 48; E3
Saint-Malo 38, 56; I1
Saint-Quay-Portrieux 52; G1
Saint-Thégonnec 98
Salinen (Batz-sur-Mer) 85
Sark 62
Satellitenstation Pleumeur-Bodou (Tip) 43; E1
Schmetterlingsfarm (Vannes) 25; G5
Segeln 28
Sept Iles 43
Sizun 97
Smaragdküste 38
Spezialitäten 18
Sport 26
Sprachführer 118
St-Anne d'Auray 95
St-Aubin (Guérande) 86
St-Cast-le-Guildo (Strand) 29; H1
St-Malo (Strand) 29; I1
St-Malo de Guersac 86

Ste-Marie de Bon Secours (Guingamp) 55
St-Méen 105
St-Sauveur (Redon) 107
St-Yves (La Roche-Maurice) 96
Strände 26, 29
Strandsurfen 28
Surfen 28

T
Table des Marchands (Locmariaquer) 90
Tauchen 28
Tempel Lanleff 51; F1
Tennis 28
Terres Neuvas (Restaurant, Dinan, Tip) 48
Théâtre (Rennes) 34
Tour de Calvaire 96
Tour de la Motte Tanguy (Brest) 67
Tour de l'Horloge (Dinan) 47
Touren 96, 100, 104, 106
Trébeurden 38, 39, 42; E1
Trégastel 38, 44; E1
Tréguier 52; F1
Tumulus des Gavrinis (Tip) 94; F5
Tumulus Saint-Michel (Carnac) 89
Tumulus de Kercado 88
Tumulus von Tumiac 95

U
Unterkunft 15
Usine Marémotrice (Dinard) 62

V
Val-André, Le 55; G2
Vannes 82, 87, 91; G5
Vitré 37, 104; L3

W
Wandern 25, 29

Z
Zugverbindungen 12, 14

Die ganze Welt von MERIAN.

Europas größtes Magazin für Reise und Kultur
124 lieferbare Titel
14,80 DM

Der erste Reiseführer für Auto-Navigationssysteme
5 lieferbare Titel
ab 249,– DM

Der handliche Pocket-Reiseführer
150 lieferbare Titel
14,90 DM

Die neue Generation der Kulturreiseführer
11 lieferbare Titel
19,80 DM

Die Reisekompasse – der schnelle Weg zur genauen Information
4 lieferbare Titel
9,80 DM

MERIAN
Die Lust am Reisen.

WICHTIGE INFORMATIONEN

Liebe Leserinnen und Leser,

wir freuen uns, Ihre Meinung zu diesem Reiseführer zu erfahren. Bitte schreiben Sie uns, wenn Sie Berichtigungen und Ergänzungsvorschläge haben oder wenn Ihnen etwas besonders gut gefällt:

Gräfe und Unzer Verlag, Reiseredaktion, Postfach 86 03 66, 81630 München
e-mail: merian-live@graefe-und-unzer.de

Alle Angaben in diesem Reiseführer sind gewissenhaft geprüft. Preise, Öffnungszeiten usw. können sich aber schnell ändern. Für eventuelle Fehler übernimmt der Verlag keine Haftung.

Redaktion: Dirk Wagner
Kartenredaktion: Reinhard Piontkowski, Nicola Messineo

Bei Interesse an Karten aus MERIAN-Reiseführern schreiben Sie bitte an:
Gräfe und Unzer Verlag GmbH
Kartographie, Grillparzerstraße 12
81675 München

Gestaltung: Ludwig Kaiser
Umschlagfoto: F. M. Frei, Bucht von Ploumanac'h
Karten: Kartographie Huber
Produktion: Helmut Giersberg
Satz: Filmsatz Schröter, München
Druck und Bindung: Stürtz AG
ISBN 3–7742–0621–X

Fotos: H. Hartmann 8, 18, 63, 65, 73, 78, 82, 99; M. Röleke 74; D. Schröder 11, 12, 15, 17, 19, 21, 22, 24, 32, 37, 42, 49, 53, 56, 59, 58, 70, 72, 77, 87, 91, 100, 106, 109; M. Thomas 2/3, 6, 9, 14, 26, 39, 41, 61, 83; H. Wohner 7, 30, 45, 69, 89

Dieses Buch wurde auf chlorfrei gebleichtem Papier gedruckt.

© Gräfe und Unzer Verlag GmbH, München

Auflage	6.	5.	4.	3.	2.
Jahr	2004	03	02	01	00

Alle Rechte vorbehalten. Nachdruck, auch auszugsweise, sowie die Verbreitung durch Film, Funk und Fernsehen, durch fotomechanische Wiedergabe, Tonträger und Datenverarbeitungssysteme jeglicher Art nur mit schriftlicher Genehmigung des Verlages.

MERIAN scout
Der erste Reiseführer für Auto-Navigationssysteme.

Deutschland

Deutschland Golf special

Österreich

Schweiz

TELE ATLAS

Hotline 0180/532 533 5

MERIAN scout